STÉNOGRAPHIE DES COURS.

SEMESTRE D'ÉTÉ.

ANNÉE SCOLAIRE 1835—1836.

COURS DE POÉSIE FRANÇAISE.

M. SAINT-MARC-GIRARDIN, PROFESSEUR.

PREMIÈRE LEÇON.

14 avril 1836.

Messieurs,

Nous allons, dans le semestre qui commence, achever l'examen des œuvres de Voltaire et en finir avec ce patriarche du dernier siècle. Nous examinerons quelques points de sa philosophie antichrétienne et quelques-uns des paradoxes du *Dictionnaire Philosophique*. Nous examinerons aussi en passant, quelques-unes de ces grandes questions de morale, de politique et de religion, qui se rencontrent à chaque pas dans la philosophie du XVIIe siècle; car cette philosophie fut à la fois une morale, une politique et une religion, et elle les promulguait à la face de l'univers.

Voyons dans quelle disposition d'esprit nous aborderons ces grandes questions; faisons pour cela un examen de conscience, émettons nos doutes et nos scrupules; je dis nous, parce que je ne me sépare point de vous; mes doutes, mes scrupules sont les vôtres; vous en serez juges, Messieurs. Quoi qu'il en soit, je m'applaudirai toujours d'avoir suivi dans nos entretiens la pensée publique; d'avoir, et j'emploie ce mot à dessein, *obéi* à votre instinct, à vos pressentimens, à vos émotions. Je me suis, je puis l'affirmer, toujours tenu indépendant de toute coterie et de tout souffle violent qui soufflait à mes côtés. Votre pensée, Messieurs, n'était pas la pensée du vulgaire, mais une pensée d'élite.

On nous a plusieurs fois reproché de chercher à désenchanter la jeunesse; jamais nous ne l'avons voulu ni cherché; mais votre pensée *n'était* pas d'être content de tout, de ne voir le mal nulle part? et d'un autre côté vous avez voulu voir plus loin que le présent, satisfaire aux nouveaux besoins de votre époque. Pour cela, puisons des forces dans notre cœur, dans notre conscience. Il y avait alors autour de nous des tentatives révolutionnaires, une course effrayante, on courait la tête tournée vers le passé et non vers l'avenir, on appelait la république et non la démocratie; or, ce que veut la France, ce que nous voulons, c'est la démocratie, et non la république. Je n'ai pas craint de me prononcer avec vous contre ces tentatives impuissantes de ressusciter 89, comme en 1830 Charles X avait voulu ressusciter le passé.

En religion, des nuages nous cachaient la vérité; il y avait une foi d'artiste, de fantaisie, mais rien de sérieux; du passé et non de l'avenir.

En morale, on croyait aussi que tout était à refaire, qu'il fallait renouveler la famille; on prônait le *mariage libre*; mais, le vrai mariage, Messieurs, est saint, sacré, il est le vrai, le seul fondement de la société.

Heureux de suivre pas à pas votre pensée, de pressentir votre choix, je me suis élevé avec vous contre ceux qui appelaient alors la révolution et non la liberté, prêchaient le paradoxe et non la morale, et prenaient l'extase pour la foi. Et maintenant j'entends des voix qui se plaignent que la pensée publique est engourdie, qu'il y a de la torpeur, du désespoir. Oui, que ceux-là soient désespérés qui ont un espoir rétrograde, qui nient l'avenir, parce qu'ils ne peuvent le créer ! En vain les illusions mourantes vous crient d'une voix cassée qu'il n'y a plus d'avenir; il y a de l'avenir pour toutes les sociétés. Cet avenir, Messieurs, c'est le vôtre, il vous appartient plus qu'à moi; mais si je ne puis espérer d'y prendre une part aussi complète, du moins j'aime à m'y associer et à vous le voir commencer. S'il n'y a plus tel avenir en particulier, il y a l'avenir de l'humanité, c'est-à-dire, pour vous des luttes, des devoirs. Cherchons rapidement quelles sont ces luttes, ces devoirs, et dans quelles dispositions d'esprit nous les aborderons.

Quand je dis l'avenir, je ne veux point parler de celui de 1890; je veux vous parler de cet avenir que nous touchons, qui nous intéresse, de celui de demain, parce que c'est celui-là qui nous donne la force de réaliser nos devoirs. Si celui-là réussit, celui qui le suivra est assuré. Dans nos devoirs à titre d'hommes, nous sommes tenus envers Dieu, envers notre famille, envers notre patrie. Sous ces trois aspects, voyons ce qui nous attend ; où allons-nous? que devons-nous faire?

Je ne dirai qu'un mot de la religion. Le XVIIIe siècle a fait une grande expérience, il a essayé de se passer de Dieu, de gouverner le monde avec une sagesse toute temporelle. Le catéchisme avait dix-huit cents ans, on le trouvait trop vieux; on lui substitua des traités de morale, mais ils n'ont pas vécu l'âge du catéchisme. Dans les sentimens, que fit-on? A la place de la charité, on mit la philantropie administrative! Plus tard, trouvant partout du vide dans la société, on tenta une réaction religieuse, on voulut faire de la religion officielle. On en fit. Un grand homme, que nous appelons ainsi, quoique bien des gens aujourd'hui lui refusent ce titre, Napoléon appela à Paris le pape, il l'appela de cette manière à laquelle on ne pouvait résister. Le pape vint; on eut une belle cérémonie à Notre-Dame, et l'on proclama que la religion était restaurée. Après la chute de l'empire, sous la restauration, on fit une nouvelle tentative de religion officielle, et pour mieux réussir, on prit le contre-pied de l'empire. L'empire avait voulu faire de l'église sa servante, la restauration en fit sa souveraine. Tant bien que mal, cette religion alla, contrariée cependant par l'esprit du temps, par des pamphlets, par des chansons, par des journaux, par les sarcasmes du XVIIIe siècle qu'elle avait ranimés. Elle vécut ainsi jusqu'à la fin de la restauration. Ces deux expériences de réhabilitation manquèrent donc. Une troisième devait avoir lieu. Oui, nous aussi, Messieurs, nous voyons commencer une réaction religieuse. Sera-ce une fumée, réussira-t-elle? L'avenir le montrera. Aujourd'hui, ce n'est plus dans les cérémonies, c'est dans notre cœur que le christianisme a cherché sa force et qu'il fait sa réaction. Là, quand nous y sommes descendus, nous avons trouvé un vide immense.

Vous avez vu que le XVIIIe siècle, dans toutes ses tentatives, procédait par masses et non par individualités, s'adressait à la société et ne prenait pas l'homme à partie; il employait la méthode sociale et non la méthode individuelle. Nous aussi, nous avons été dupes de cette méthode sociale; de là, tant de petits cultes que nous avons vu s'élever; chacun se donnait une mission; et ce qui est à remarquer, c'est que, dans ses tentatives de création religieuse, chacun s'occupait non de soi, mais de la société tout entière. Et comme les folies et les aberrations des hommes se reproduisent dans le langage, il serait facile d'en rechercher les traces dans la phraséologie d'alors; on y trouve à chaque instant ces mots: *pensée humanitaire, destinée humanitaire*. C'est le XVIIIe siècle qui nous a appris à nous occuper ainsi des autres et jamais de nous. Mais n'est-il pas plus sage de nous occuper d'abord de nous-mêmes; nous pouvons ensuite donner notre exemple aux autres s'il a réussi. Évangélisons-nous d'abord nous-mêmes; si nous voulons arriver à quelque chose, cherchons en nous et dans les saintes écritures, et non dans les caprices des arts et de l'imagination. Si vous croyez que la religion est bonne, vous vous donnerez la peine de chercher, je pense; si vous vous en donnez la peine, tout ne sera pas perdu; et comme vous, vos enfans en recueilleront les fruits. C'est pour l'homme, pour la famille que la religion doit donner ses principaux fruits.

Messieurs, je serais désespéré si dans tout ce que je dis, y avait une pensée qui fût neuve pour un seul de vous. Je ne cours point après les nouveautés, après les paradoxes; je veux me tenir dans la sagesse commune, dans le simple bon sens, dans ce qui est prouvé par l'expérience. Si, dans la religion, l'homme est face à face avec Dieu, il en est autrement dans la famille; là, l'individualité s'étend, mais ne cesse pas; l'homme n'est plus seul, mais il devient le centre d'une certaine société; de lui émane la famille et la force de la famille; là, l'individualité de l'homme s'élargit, mais il est toujours lui. — On dit aujourd'hui que l'autorité est perdue; où est-elle en effet? C'est, Messieurs, la fable de La Fontaine, l'histoire de l'homme qui court après la fortune; nous cherchons l'autorité bien haut et bien loin, elle est à notre porte, dans notre foyer; c'est là qu'elle existe, qu'elle porte sa plus respectable couronne. Et quand l'autorité passe, qu'une nouvelle famille naît à côté de l'ancienne, le respect demeure. On dit aussi que nous l'avons perdu. On a pensé qu'avec des lois ou de l'étiquette on le retrouverait. Erreur ! le respect n'est pas là ; il est dans les foyers sacrés, dans la famille. C'est en vain qu'on a dit qu'il fallait reconstituer la famille. Ne croyez pas que l'ordre de la famille puisse changer, qu'il arrivera une philosophie qui constituera la famille d'une manière non plus *raisonnable*, qui est le vieux mot, mais plus *rationnelle*, comme disent les théories modernes.—On a voulu émanciper la femme : pauvre et misérable créature quand elle est émancipée (rires)! et plus digne de pitié que de rire quand elle n'est pas appuyée sur la famille. Quelques-uns d'entre vous pourront penser que, parce que ces idées sont vieilles, elles ne sont pas à leur usage. Nous n'avons pas de famille, diront-ils; oui, pas d'enfans, mais vous avez des parens, commencez par vos devoirs l'apprentissage de la vie de famille, vous exercerez vos droits ensuite; préparez-vous par l'accomplissement du devoir à jouir de vos droits. Si ceux qui parlent ainsi disent que la sagesse de leurs parens est surannée, qu'ils ignorent les nouveaux besoins de la jeunesse, je leur répondrai que par cela seul que vos parens ont de l'expérience, ont vécu, ils sont au-dessus de vous; ils ont plus d'expérience que vous, et par conséquent plus de lumières. Mais, direz-vous, nous aussi nous avons des lumières : nous avons lu, médité; oui, vous avez rêvé, étudié, mais vous n'avez pas vécu. Dans la famille seule est l'autorité et le respect; tant que cette religion domestique ne sera pas altérée, il y aura de l'avenir pour notre société. C'est vraiment aux peuples, aux sociétés plutôt qu'aux individus, qu'il faut appliquer ce commandement :

Tes père et mère honoreras,
Afin de vivre longuement.

Le respect que nous rendons à nos pères ne peut pas sauver notre vie, mais celle de la société, qui ne peut vivre que par le respect du passé et de la famille. Ce n'est pas non plus un vain symbole que ce que dit le poète, quand il nous réprésente Énée, après la ruine de Troie, emportant, quoi, Messieurs ? ses pénates et son vieux père, et c'est pour cela qu'il a fondé un empire (applaudissemens).

Abordons maintenant la politique; voyons ce que c'est que le citoyen. Ici le sol est plus mouvant et plus difficile. Quel est, de ce côté, le lendemain de la société, qu'avons-nous à faire pour être de bons citoyens ? Conserver notre patrie : au dehors son indépendance, au dedans sa liberté. La patrie doit être considérée comme un homme qui aurait deux visages, l'un fier et menaçant et tourné vers l'ennemi, l'autre doux et conciliateur et tourné vers le dedans. Conserver l'indépendance, obtenir et défendre la liberté, tel est donc notre devoir, c'est-à-dire, notre combat. Il y a, Messieurs, une question, un débat, une crise, qui a occupé toute la première partie de ce siècle, c'est la révolution française; crise immense, décisive, qui a rempli la fin d'un siècle et le commencement d'un autre. Il s'agissait de la liberté des peuples en Europe. Avec quel dévoûment nos pères ne s'y sont-ils pas employés, et combien ne leur devons-nous pas de reconnaissance ! Cette grande lutte a été sur le point de renaître, on a voulu la recommencer en 1830. S'il est permis de parler de soi, quelque obscure et peu importante qu'ait été mon action personnelle, je dirai que j'ai été de ceux qui ont pensé que la lutte ne devait pas recommencer; parceque tout ce qu'il y avait d'important à faire, était fait en 1830, l'avait été par la France de 89. La France de 1830 n'aurait jamais pu faire ce qu'a fait celle de 89, parce qu'on ne refait pas ce qui a été fait. L'esprit de liberté était inauguré ; la voix de Mirabeau n'avait pas tonné en vain ; nous devions le promulguer, mais non l'organiser ailleurs. 1830 a fait que la tribune de la liberté, c'est-à-dire, celle de la France, que la littérature, la presse, l'esprit français ne peuvent plus périr. Cette œuvre, commencée en 89, et terminée en 1830, est consommée. Une autre commence, c'est celle de l'indépendance nationale, non-seulement pour la France, mais elle s'étend à plusieurs peuples de l'Europe. Cette question en comprend deux. Vous sentez tous que, d'abord elle comprend la question de liberté, et qu'ensuite nous ne devons pas rester inférieurs à nos péres, faire moins qu'ils n'ont fait. Ce tiers-état de 89, qui autrefois n'était rien, jusque-là, jamais orateur ni législateur, ni ministre, sut être tout cela quand il le fallut, et les hommes qu'il produisit ne sont pas restés au-dessous de leur tâche. En présence de pareils devanciers nous ne devons pas rester indifférens et au-dessous d'eux, mais conserver leur héritage et y ajouter chaque jour quelque chose. Voilà à chaque génération le dialogue qui doit s'établir entre elle et la patrie. Nous ne devons pas être les usufruitiers inutiles de la grande fortune de nos pères.

Il y a un devoir difficile à remplir, qui exige une grande modération: c'est quand il s'agit de la liberté du dedans. C'est là surtout qu'aujourd'hui l'on parle d'indifférence, d'épuisement. Entendons-nous, Messieurs. Il y a une liberté révolutionnaire qu'on a essayé de nous donner, mais dont la France n'a pas voulu; celle-là, nous le croyons, n'a pas d'avenir. Aujourd'hui il y a à fonder la liberté vraiment libérale, si je puis m'exprimer ainsi. Nous avons constitué l'égalité, mais elle ne fait pas la liberté; on peut avoir un gouvernement bourgeois, dans le ministère on peut avoir des avocats, des professeurs, des journalistes, professions rassurantes pour le sentiment d'égalité; une pairie viagère, une royauté imbue des idées et des vertus de la bourgeoisie; et cependant à côté de cela, il y a un sentiment qui peut manquer, celui de la liberté individuelle. Celui-là ne regarde pas autrui, mais soi. L'égalité, dont le nom de guerre est l'envie, ne voit personne au-dessus de soi, elle dit: c'est bien! C'est bien; nous sommes tous aussi bas l'un que l'autre. La liberté est plus exigeante que cela, car la liberté naît du sentiment du droit et de la dignité, qui fait que nous nous sentons, non pas sans égaux, mais en pleine jouissance de toutes nos facultés. Il y avait aussi de l'égalité sous Dioclétien, sous Napoléon, malgré les titres et les distinctions, et voilà pourquoi le gouvernement de Napoléon fut si populaire; mais c'était l'égalité sous le despotisme. Le sentiment de la liberté, où était-il ? N'oublions pas aujourd'hui que c'est dans l'individu qu'il faut le chercher, que dans l'individualité sont tous les ressorts de la nature humaine. Ayons toujours notre place dans la société ; la société doit se tenir en face de son gouvernement pour le contrôler, mais qu'il n'y ait jamais d'absorption. Ce qui fit la grandeur du moyen-âge, c'est la lutte de l'église contre les gouvernemens ; c'est qu'il y eut toujours un *non* à côté d'un *oui*. C'était la force morale qui était alors dans l'église ; aujourd'hui elle doit être dans l'individu. Beaucoup de choses sont finies, décidées, beaucoup naissent. Celles-ci ce sont vos obligations, vos devoirs; là est votre mission. Rien ne recommencera, ne rétrogradera. Il y aura, Messieurs, une liberté que vous établirez et que vous aimerez parce que vous l'aurez fondée. Touchez avec votre conscience, avec votre raison toutes ces idées, ces choses du passé, et vous verrez souvent que là où on croyait trouver un corps, il n'y avait que du vent.

DEUXIÈME LEÇON.

15 avril 1836.

Messieurs,

C'était en 1753 : Voltaire revenait de ce voyage sentimental de Berlin qu'il avait fait pour aller voir le *Salomon* du nord, et qu'il se hâta d'achever afin d'échapper au *Eusiris*. Il était à Colmar, cherchant un asile, jusque là errant avec une destinée aussi mobile que son génie ; là il se repose de sa course, mande ses papiers, fait une revue de sa vie. Il avait alors cinquante-neuf ans. Voici ce qu'il écrit à Madame Denis. « Je viens de mettre un » peu en ordre, ma chère enfant, le fatras énorme » de papiers que j'ai enfin reçus. Cette fatigue n'a » pas peu coûté à un malade. Je vous assure que » j'ai fait là une triste revue ; ce ne sont pas des » monumens de la bonté des hommes. On dit que » les rois sont ingrats, mais il y a des gens de » lettres qui le sont un peu davantage. — Il faut » avouer que Linant, La Mare et Lefebvre, à qui » j'avais prodigué les mêmes services, ne m'ont » donné aucun sujet de me plaindre. La raison en » est, à ce que je crois, qu'ils sont morts tous trois

» avant que leur amour-propre et leurs talents » fussent assez développés pour qu'ils devinssent » mes ennemis. » Ainsi il faut mourir à trente ans pour mourir honnête. Je passe, dans cette même lettre, d'autres noms obscurs, et je trouve : « Un » de Moulin, qui me dissipa trente mille francs » de mon bien clair et net, m'en demanda très-» humblement pardon dans quatre ou cinq de ses » lettres; mais celui-là n'a point écrit contre moi; » il n'était pas bel-esprit. » Voilà donc la revue que Voltaire fait de sa vie et des hommes, en un instant, à Colmar. Il va de là, en Suisse, aux *Délices*, aux bords du lac de Genève, auprès de Lausanne, et voici comment il parle de sa retraite. Il écrit à Moncrif. « Tavernier, qui avait acheté la » terre d'Aubone, à quelques lieues de mon her-» mitage, interrogé par Louis XIV, pourquoi » il avait choisi une terre en Suisse, répondit, » comme vous savez: *Sire, j'ai été bien aise d'avoir* » *quelque chose qui ne fût qu'à moi.* Je n'ai pas » tant voyagé que Tavernier, mais je finis comme » lui. Vous avez donc soixante-neuf ans, mon » cher confrère: qui est-ce qui ne les a pas à peu-» près ? (Voltaire en avait alors cinquante-» quatre). Voici le temps d'être à soi, et » d'achever tranquillement sa carrière. C'est une » belle chose que la tranquilité ! » Voilà donc son séjour à Lausanne et aux *Délices* ! Ce qui est singulier, c'est que Voltaire eût en ce moment un sentiment, une émotion nouvelle, lui si blasé sur l'ingratitude des rois et des hommes; ce sentiment, que je souhaite à mon auditoire, est le plaisir, la béatitude du propriétaire, qui augmente sans doute à mesure que nos propriétés s'agrandissent. On trouve ce sentiment marqué à un degré très-vif, dans toute sa correspondance d'alors. Jusque-là, il n'avait fait que passer sur les routes et dans les hôtels, car il avait été à l'auberge, même à Cirey, et surtout à Potsdam. On retrouve cette joie, cet orgueil du propriétaire, non seulement dans ses lettres, dans sa prose, qui est le langage des affaires, mais jusque dans ses vers. Quand ses croisées plongent sur les campagnes de la Suisse, sur les Alpes, sur le lac de Genève, ce beau miroir de la Suisse, il s'anime et fait les plus beaux vers lyriques qu'il ait jamais faits. Voltaire, vous le savez, n'est pas poëte lyrique. Mais cette belle nature qu'il a sous les yeux, ces beaux lieux, la poétique histoire de la Suisse, les souvenirs du moyen-âge, se présentent à lui et l'enthousiasment, et il fait ces beaux vers si connus, mais que l'on ne saurait trop relire :

O maison d'Aristippe! ô jardin d'Epicure!
Vous qui me présentez, dans vos enclos divers,
    Ce qui souvent manque à mes vers,
Le mérite de l'art soumis à la nature,
Empire de Pomone et de Flore sa sœur,
    Recevez votre possesseur!
Qu'il soit, ainsi que vous, solitaire et tranquille!
Je ne me vante point d'avoir en cet asile
    Rencontré le parfait bonheur :
Il n'est point retiré dans le fond d'un bocage;
    Il est encor moins chez les Rois;
    Il n'est pas même chez le sage :

De cette courte vie il n'est point le partage.
Il y faut renoncer : mais on peut quelquefois
Embrasser au moins son image.

Cela est presque naïf comme La Fontaine.

Que tout plaît en ces lieux à mes sens étonnés!
D'un tranquille océan l'eau pure et transparente
Baigne les bords fleuris de ces champs fortunés :
D'innombrables coteaux ces champs sont couronnés.
Bacchus les embellit ; leur insensible pente
Vous conduit par degrés à ces monts sourcilleux
Qui pressent les enfers et qui fendent les cieux.
Le voilà ce théâtre et de neige et de gloire,
Eternel boulevard qui n'a point garanti
Des Lombards le beau territoire.
Voilà ces monts affreux célébrés dans l'histoire,
Ces monts qu'ont traversés, par un vol si hardi,
Les Charles, les Othon, Catinat et Conti,
Sur les ailes de la Victoire.
Que le chantre flatteur du tyran des Romains,
L'auteur harmonieux des douces *Géorgiques*,
Ne vante plus ces lacs et leurs bords magnifiques,
Ces lacs que la nature a creusés de ses mains
Dans les campagnes italiques!
Mon lac est le premier : c'est sur ces bords heureux
Qu'habite des humains la déesse éternelle,
L'âme des grands travaux, l'objet des nobles vœux,
Que tout mortel embrasse, ou désire, ou rappelle,
Qui vit dans tous les cœurs, et dont le nom sacré
Dans les cours des tyrans est tout bas adoré,
La liberté! J'ai vu cette déesse altière,
Avec égalité répandant tous les biens,
Descendre de Morat en habit de guerrière

Les mains teintes du sang des fiers Autrichiens
Et de Charles le Téméraire.
Devant elle on portait ces piques et ces dards,
On traînait ces canons, ces échelles fatales,
Qu'elle-même brisa quand ses mains triomphales
De Genève en danger défendaient les remparts.
Un peuple entier la suit, sa naïve allégresse
Fait à tout l'Apennin répéter ses clameurs;
Leurs fronts sont couronnés de ces fleurs que la Grèce
Aux champs de Marathon prodiguait aux vainqueurs.
C'est là leur diadème; ils en font plus de compte
Que d'un cercle à fleurons de marquis et de comte,
Et de larges mortiers à grands bords abattus
Et de ces mitres d'or aux deux sommets pointus.
On ne voit point ici la grandeur insultante
Portant de l'épaule au côté
Un ruban que la vanité
A tissu de sa main brillante.

Jamais Voltaire n'a été plus inspiré, plus poète lyrique.

Bientôt il quitte cette retraite, et s'établit d'une manière plus fixe à Ferney dans le pays de Gex en France, mais à portée d'une retraite en Suisse, à cause des inquiétudes que pouvaient lui causer ses ouvrages. Ferney n'est ni un palais ni un château; ne vous figurez pas une magnifique demeure qui plonge sur le lac de Genève et sur le Rhône. Non, c'est une belle maison, mais ce n'est point un château; il y a des jardins, mais dans le goût du dernier siècle, petits; et les allées en sont droites, afin qu'on y puisse lire en se promenant, sans aller se casser le nez contre un arbre au tournant de quelque allée pittoresque. Là, Voltaire a passé les vingt dernières années de sa vie; aussi ce lieu ne pourra jamais être oublié de l'histoire. C'est là que la civilisation de nos jours doit aller chercher son origine.

Voltaire, dans sa terre, aimait à faire le seigneur. Lui, cet implacable ennemi du moyen-âge, écrit à M. d'Argental : « Après tout, la féodalité avait » du bon. » Oui, s'il n'y avait eu que des seigneurs comme Voltaire.

Les habitudes littéraires ont bien changé. Aujourd'hui, la poésie ne va pas à *pied* et *crottée*, comme disait Boileau. Les hommes littéraires, les notabilités s'entend, aiment toutes les aisances de la vie et en jouissent; ne vont plus à pied, mais dans leur équipage. Voltaire, notabilité littéraire du dernier siècle, jouissait aussi d'une grande fortune, et menait un grand train de maison; sa fortune n'était pas seulement consacrée à tenir ce grand état de maison, il faut le dire à sa gloire, elle était aussi consacrée à faire du bien. Il apprend par une *ode* de Lebrun qu'une nièce de Corneille existe et se trouve sans fortune. Il écrit à M. Lebrun : « Il convient assez qu'un vieux soldat » du grand Corneille tâche d'être utile à la petite » fille de son général.— Si la personne dont vous » me parlez, et que vous connaissez sans doute, » voulait accepter auprès de ma nièce l'éducation » la plus honnête, elle en aurait soin comme de sa » fille, je chercherais à lui servir de père; le sien » n'aurait absolument rien à dépenser pour elle ; » on lui paierait son voyage jusqu'à Lyon. Elle se- » rait adressée à Lyon, à M. Tronchin, qui lui four-

» nirait une voiture jusqu'à mon château, ou bien » une femme irait la prendre dans mon équipage. » Si cela convient, je suis à vos ordres, et j'espère » avoir à vous remercier, jusqu'au dernier jour de » ma vie, de m'avoir procuré l'honneur de faire ce » que devait faire M. de Fontenelle. Une partie de » l'éducation de cette demoiselle serait de nous voir » jouer quelquefois les pièces de son grand père, » et nous lui ferions broder les sujets de Cinna » et du Cid. »

Ainsi Voltaire n'avait pas seulement l'idée de la bienfaisance, il en avait encore l'exécution et le détail. Il était certainement impossible d'offrir un bienfait d'une manière plus délicate et plus noble que ne le fit Voltaire en cette occasion, et toute sa conduite se tient dans cette affaire. Songez ce que c'est que de prendre chez soi une personne étrangère, de lui donner une hospitalité, non pas d'un instant, mais de toute la vie; un engagement de la marier; cela était beau, et la délicatesse du procédé ajoutait encore un grand prix au bienfait. Il écrit à mademoiselle Corneille elle-même de la manière la plus délicate : « Votre » nom, Mademoiselle, votre mérite, et la lettre dont » vous m'honorez, augmentent dans madame » Denis et dans moi le désir de vous recevoir, et » de mériter la préférence que vous voulez bien » me donner. Je dois vous dire que nous passons » plusieurs mois de l'année dans une campagne » auprès de Genève; mais vous y aurez toutes les » facilités et tous les secours possibles pour tous » les devoirs de votre religion, etc. » Ainsi les attentions de Voltaire vont jusqu'à le faire passer sur ses préjugés religieux. Cette bienfaisance délicate, pleine d'attention et de bon goût, il la continue jusqu'à l'établissement de mademoiselle Corneille; il faut dire aussi que de son côté mademoiselle Corneille y répondit parfaitement, et nous prouva la vérité de cette observation qu'il y a peut-être chez les femmes plus de facilité que chez les hommes à changer de position sans se montrer désacclimatée. Elle ne se fit point femme de lettres; elle se borna à apprendre les tragédies de son oncle et celles de son protecteur. On a dit que Voltaire, dans son *Commentaire sur Corneille*, avait fait payer au grand oncle les frais de ce qu'il avait fait pour la nièce. Nous examinerons cela plus tard. Il y eut dans cette affaire une grande délicatesse de la part de Voltaire; il voulut que Corneille et sa gloire dotassent la petite nièce. Ce furent alors de toutes parts de grands cris chez les dévots; on disait que mademoiselle Corneille se damnerait en allant loger chez Voltaire; mais il se moqua d'eux et continua ses procédés généreux.

Ainsi dans l'hospitalité, Voltaire est grand, noble, généreux. S'il y a dans le monde quelque grande injustice, il la couvre de son patronage. La défense des Calas est une des plus grandes actions de sa vie; mais ce qu'il ne faut pas cesser de redire, c'est la courageuse obstination qu'il mit à faire réparer l'injustice. Beaucoup d'hommes sont capables de faire de bonnes actions et de réclamer pour autrui contre l'injustice, mais s'attendrir long-temps et poursuivre la justice à travers les dégoûts, les déplacemens et les fatigues, c'est faire le bien d'une manière bien noble et peu commune. Cet homme qui, excepté dans les tragédies, ne paraissait capable que de gaité et de plaisanterie, voyez comme il parle des Calas, avec cette éloquence vraie, qui ne va jamais jusqu'à la déclamation, qui ne fait jamais de phrases, mais où l'on sent partout la conviction. Enfin il obtient justice, il réussit malgré la cabale des dévots et des gascons. Et, remarquez ce trait qui caractérise les philosophes du dernier siècle, Voltaire se servit de cette affaire à deux fins : pour crier contre les dévots, puis pour s'élever contre la barbarie judiciaire d'alors. Il part d'un fait individuel pour le faire servir à la société. Voyez la différence avec le siècle précédent. Fouquet, ami de madame de Sévigné, est accusé, condamné; elle en parle, est pénétrée de ce malheur, mais pas une réflexion générale; rien sur la selette, et sur toutes les formes judiciaires d'alors. Quand on fait le procès à madame de Brinvilliers, elle parle de cette histoire avec une frivolité que je lui reproche; pas une réflexion même sur la torture. La torture lui paraît une chose toute simple, c'était l'usage. Mais les temps sont changés; les philosophes du XVIIIe siècle se sont émancipés de cet asservissement à l'usage. Voltaire se servait du jugement de Calas pour prêcher la tolérance et attaquer la religion. C'est au milieu de cette double attention qu'éclate le sentiment le plus vrai, le plus ardent qu'ait eu Voltaire, celui qui le domina toute sa vie, la haine du fanatisme. Après Calas, c'est Sirven, c'est Labarre, dont il fait réhabiliter la mémoire. L'influence de Voltaire est curieuse à cette époque; il intervient dans tous les procès. Ferney devient une cour de cassation où sont révisés tous les jugemens du royaume. Le comte de Morangiés est accusé d'avoir escamoté trois cent mille francs à un cocher. Voltaire, frappé des absurdités qu'offrait ce procès, parle, et amène à la découverte de la vérité. M. de Lally est accusé pour avoir défendu dans l'Inde l'honneur de la France avec trop d'ardeur, et ce nom de Lally est réhabilité. Partout il s'emploie pour les malheureux; partout nous le voyons intervenir, espèce de redresseur des erreurs judiciaires devant la France et l'Europe. Les parlemens, salués comme défenseurs de franchises nationales, Voltaire les déteste, parce qu'il les accuse d'être les juges de Labarre, et les protecteurs de l'ignorance et du fanatisme. Aussi, quand Meaupou brisa la puissance du parlement, il applaudit hautement à la chute de ces tyrans bourgeois, malgré leur popularité.

Le château de Ferney était devenu le point de mire de toute l'Europe; c'est le véritable palais de la Renommée d'où s'envolent des arrêts qui se répandent dans toute l'Europe; les visiteurs les plus célèbres y affluaient; et ce qui montre le bon sens de Voltaire, c'est qu'au milieu de cette foule, de ces visites, se montrant quelques instans dans la journée, et avec une sorte de coquetterie, il savait se ménager du loisir et trouver l'indépendance de l'homme de lettres. Ce pouvoir nouveau, créé par le XVIIIe siècle, attirait toute l'Europe. Frédéric se réconcilie avec Voltaire, et Catherine entre en correspondance avec lui. Mais nous devons dire toute la vérité et ne ménager personne, pas même Voltaire. Personne ne soupçonne Voltaire de duperie, de naïveté ! Eh bien ! ce philosophe sagace, toutes les fois qu'il a eu affaire aux rois et aux reines, a été complètement dupe. Dans toutes ses relations avec Voltaire, pardon du mot, Frédéric est le fripon, et Voltaire la dupe. Avec Catherine, c'est bien pis; les sacrifices qu'il fait à cette reine, lui, défenseur des libertés publiques, sont merveilleux; il y a dans sa correspondance avec elle les traces d'une duperie complète. 1767 était l'époque où Catherine la grande faisait marcher en Pologne cinquante mille Russes; Voltaire croit qu'elle va leur porter la liberté! L'aveuglement est en quelque sorte opiniâtre. A la fin de 1767 encore, il proclame que ce temps est le plus beau qui ait jamais paru, tandis que c'est au contraire une des plus funestes époques de l'histoire du monde. Ainsi, Messieurs, on est philosophe, et par-dessus le marché on est dupe. — Catherine fait marcher ses armées en Turquie : qu'y va-t-elle faire ? Conquérir Constantinople, comme le pensait peut-être le vulgaire ? Pas du tout; elle va défendre la Grèce. Voilà ce que croit Voltaire. Mais aussi c'est qu'il était bien difficile de refuser quelque chose à une impératrice de Russie qui écrivait à des philosophes, et qui proposait à M. Diderot de faire imprimer l'Encyclopédie à St-Pétersbourg. La philosophie du XVIIIe siècle ne pouvait résister à cette amorce. Et de fait, cette offre était peu dangereuse, car l'Encyclopédie était écrite en français, et eût été imprimée en Russie où le peuple ne savait pas lire. Chez un tel peuple, imprimez tout ce que vous voudrez, cela n'ébranlera pas le gouvernement.

Mais Voltaire ne se souciait pas du peuple; la fibre populaire ne vibrait pas en lui. Selon lui, la philosophie n'est bonne que pour l'élite de la société, mais le gros public n'en a pas besoin. Dans cet arrangement de la société, il y a des philosophes qui vivront agréablement, doucement, mais le peuple n'a pas besoin de philosophie, cela ne le regarde pas. « Frappez sans vous commettre, » écrivait-t-il à un de ses correspondans. Mais qu'est-ce que signifie frapper sans se commettre? c'est-à-dire, frapper par derrière, furtivement. C'est pour ne pas se commettre que Voltaire écrit de temps en temps à ses correspondans des lettres diverses entr'elles. Je cherche une image pour vous rendre sensible ce que j'ai à vous dire. Chacun de ses correspondans était en quelque sorte comme une des touches d'un piano, distribuées sur toute la surface de l'Europe ; et chacune rendait un son particulier, l'un au nord, l'autre au midi. Il distribuait ses opinions selon les latitudes, et écrivait à ses correspondans selon que l'exigeaient les opinions, les coutumes, les caprices de chaque pays. Il écrivait à M. Albegati, italien : « Le grand » Corneille fut obligé de répondre ainsi à ses en- » nemis littéraires : « Je déclare que je soumets » tous mes écrits au jugement de l'Eglise; je doute

» fort qu'ils en fassent autant. » Je prends la li-
» berté de dire ici la même chose que le grand
» Corneille, et il m'est agréable de le dire à un
» sénateur de la seconde ville de l'état du saint
» Père; il est doux encore de le dire dans des terres,
» aussi voisines des hérétiques que les miennes.
» Plus je suis rempli de charité pour leurs person-
» nes et d'indulgence pour leurs erreurs, plus je
» suis ferme dans ma foi. » Jusque là il ne se donne que pour bon chrétien, mais ensuite il va trop loin : il termine ainsi : « Adieu, Monsieur, je pensais ne
» vous envoyer qu'une tragédie, et je vous ai
» envoyé ma profession de foi. Je vous quitte pour
» aller à la messe de minuit avec ma famille et la
» petite-fille du grand Corneille. Je suis fâché
» d'avoir chez moi quelques Suisses qui n'y vont
» pas; je travaille à les ramener au giron; et si
» Dieu veut que je vive encore deux ans, j'espère
» aller baiser les pieds du saint Père avec les
» Huguenots que j'aurai convertis, et gagner les
» indulgences. » Mais comme il y a partout quelque chose qui nous décèle, il y a dans cette lettre un trait où Voltaire s'échappe. Il dit : « J'oubliais
» vraiment l'article du pardon des injures. Les
» injures les plus sensibles sont, dit-on, les raille-
» ries. Je pardonne de tout mon cœur à tous ceux
» dont je me suis moqué. » Ainsi, c'est toujours pour frapper sans se commettre que nous le voyons écrire des lettres ostensibles. Dans une lettre qui part par la poste, et qu'il sait devoir être ouverte, il désavoue le *Dictionnaire philosophique*, et dans une autre adressée par occasion sûre, quelques

jours après, à la même personne, il s'en avoue l'auteur.

Nous avons dit que Voltaire ne reconnaissait pas au peuple le droit d'avoir de la philosophie; il est intarissable sur ce sujet. Quand en 91 le peuple traîna Voltaire au Panthéon, on aurait certainement bien étonné ce bon peuple si on lui avait lu certains passages de la correspondance de Voltaire. Il y a de quoi se fâcher tant Voltaire nous traite mal quelquefois; jamais marquis n'a été plus dédaigneux, plus impertinent.

Il écrit : « Il n'est pas à propos que le peuple » s'instruise, il est indigne de l'être. » Mais qu'est-ce que le peuple ? C'est un terme fort relatif. Chacun a sa populace au-dessous de soi, même le dernier des manans considère certains hommes comme étant de la populace auprès de lui. Le parti philosophique valait mieux que Voltaire sur ce point. Mais Voltaire entendait d'une manière fort inégale la distribution de la philosophie. Selon lui, il ne faut pas que le bourgeois soit théologien ni que le gueux s'instruise. Le parti philosophique peut attaquer l'église, mais jamais le gouvernement, la royauté. La philosophie de nos jours, sans pourtant renverser complétement la doctrine, entend mieux les choses, et croit qu'il faut appliquer la philosophie à défendre les droits du peuple. Les philosophes d'alors n'auraient pas été fâchés que le parti eût un martyr, cela eût donné occasion de crier, mais comme il arrive toujours, chaque parti désire produire un martyr, mais nul ne veut attacher le grelot. Les philosophes n'auraient pas été fâchés que Voltaire devînt le martyr, mais il s'y refusa toujours opiniâtrement, il disait qu'il n'en fallait point.

Messieurs, c'est très bien de ne pas être martyr, chacun a là dessus sa vocation; de nobles caractères ont celle de l'être. J'aime quand madame Rolland dit: «J'ai de la vocation pour l'échafaud!» On devait être ainsi à cette époque. Voltaire pouvait ne pas vouloir être martyr, mais il ne devait pas pousser son respect apparent pour la religion jusqu'à l'hypocrisie. En 1768 Voltaire fit ses Pâques solennellement, à la vue de tout Ferney; il ne s'en tient pas là; après la cérémonie il monte en chaire, et fait un sermon à ses paroissiens sur le vol et le larcin. Quand les philosophes apprirent cela, ce fut à Paris un concert général de plaisanteries; on dit que Voltaire venait de faire sa première communion. Mais, grâce à Dieu, nous sommes un peuple où les plaisanteries n'empêchent pas les réflexions sérieuses. Il s'établit alors une correspondance entre Voltaire et l'évêque d'Annecy. Voltaire le calomnia beaucoup; il dit qu'il était le petit-fils d'un maçon, ce qui est en effet très-mal; qu'il avait été sacristain, porte bon-Dieu; qu'il avait eu des démêlés avec le parlement, sans dire en quoi consistaient ces démêlés, ce qui était ici une réticence perfide, car ces démêlés avec le parlement avaient été une affaire de conscience. Il l'accuse d'être un ignorant. Il est choqué de ce que l'évêque d'Annecy ne soit pas un abbé freluquet. Dans cette correspondance, l'avantage fut pour le prêtre contre le philosophe, pour l'ignorant contre le savant, pour le petit-fils du maçon contre le seigneur châtelain, parce qu'il défendait contre lui l'honneur et la sincérité. Voici ce que lui écrivit l'évêque d'Annecy : « Monsieur, on dit que » vous avez fait vos Pâques; bien des personnes » n'en sont rien moins qu'édifiées, parce qu'elles » s'imaginent que c'est une nouvelle scène que » vous avez voulu donner au public, en vous » jouant encore de ce que la religion a de plus » sacré. Pour moi, Monsieur, qui pense plus charitablement, je ne saurais me persuader que » M. de Voltaire, ce grand homme de notre » siècle, qui s'est toujours annoncé comme » élevé, par les efforts d'une raison épurée et par » les principes d'une philosophie sublime, au-dessus des respects humains, des préjugés et » des faiblesses de l'humanité, eût été capable de » trahir et de dissimuler ses sentimens par un acte » d'hypocrisie qui suffirait seul pour ternir toute sa » gloire, et pour l'avilir aux yeux de toutes les personnes qui pensent. J'ai dû croire que la sincérité avait toujours fait le caractère de vos démarches.—Je ne vous dirai pas, Monsieur, combien » j'ai gémi sur votre état, ni combien j'ai déjà offert de prières et de supplications au Dieu des » miséricordes, pour qu'il daignât enfin vous éclairer de ces lumières célestes qui font aimer et » suivre la vérité, en même temps qu'elles la font » connaître; je me bornerai simplement à vous » faire remarquer que le temps presse, et qu'il » vous importe de ne point perdre aucun de ces

» momens précieux que vous pouvez encore em-
» ployer utilement pour l'éternité. Un corps ex-
» ténué et déjà abattu sous le poids des années,
» vous avertit que vous approchez du temps où
» sont allés aboutir tous ces hommes fameux qui
» vous ont précédé, et dont à peine reste-t-il au-
» jourd'hui la mémoire. » Voltaire lui répondit :
« Monseigneur, j'aurais dû répondre sur-le-champ
» à la lettre dont vous m'avez honoré, si mes ma-
» ladies me l'avaient permis. Cette lettre me cause
» beaucoup de satisfaction, mais elle m'a un peu
» étonné. Comment pouvez-vous me savoir gré de
» remplir des devoirs dont tout seigneur doit don-
» ner l'exemple dans ses terres, dont aucun chré-
» tien ne doit se dispenser, et que j'ai si souvent
» remplis? ». Il termine sa lettre par ces termes :
« Je m'anéantis avec vous devant Dieu, et *n'ou-*
» *bliant pas les formules introduites chez les*
» *hommes*, j'ai l'honneur d'être avec respect, etc.»
Peut-on être plus impertinent? Voyez au contraire combien le langage de l'évêque d'Annecy est noble, plein de dignité et de loyauté; et la loyauté et la franchise ont toujours raison contre tout l'esprit du monde. L'évêque va même bientôt avoir plus d'esprit que Voltaire, il lui répond : « Je n'ai pu
» qu'être très surpris qu'en affectant de ne pas en-
» tendre ce qui était fort intelligible dans ma lettre,
» vous avez supposé que je vous savais bon gré
» d'une communion de politique, dont les protes-
» tans même n'ont pas été moins scandalisés que
» les catholiques. J'en ai gémi plus que tout autre.
» — Si mes avis ne sont pas de votre goût, je me

» flatte que vous n'en serez pas moins convaincu
» qu'ils ne sont dictés que par l'amour de mon
» devoir, et par l'empressement que j'ai de con-
» courir à votre véritable et solide bonheur. Bien
» des personnes, en se dirigeant par des vues hu-
» maines, vous tiendront un langage bien différent;
» mais par une suite du principe invariable que je
» me suis fait de n'agir qu'en vue de Dieu et dans
» l'ordre de sa volonté, comme je ne cherche point
» les adulations, je ne crains point non plus les
» satires; et je suis disposé à essuyer tous les traits
» de la malignité des hommes, plutôt que de man-
» quer à ce que je croirai être, suivant Dieu, du
» devoir de mon ministère. Au reste, quoique je
» me serve des formules introduites chez les hom-
» mes, ce n'est pas avec moins de sincérité que je
» serai toute ma vie, avec le désir le plus ardent
» de votre salut, et avec respect, etc. » Voilà le cri que jeta la véritable foi. Le cri des philosophes fut différent, et ici est la morale : le chef de parti fut forcé de se défendre contre ses partisans. Vous avez vilipendé la religion, disaient-ils, et maintenant vous l'honorez. De qui vous moquez-vous, d'elle ou de nous? Aussi, Voltaire cet homme d'esprit, est-il embarrassé. Il donne des excuses de toute espèce à ses amis (le professeur donne ici lecture d'un grand nombre de passages des lettres de Voltaire); il y en a d'autres tellement cyniques que je ne puis vous les lire. C'est en vain que la philosophie avait crié contre Voltaire, l'année suivante, en 1769, il recommença la même comédie et la poussa encore plus loin. Il écrit à M. de Saint-Lambert : « J'ai

» eu douze accès de fièvre; j'ai reçu bravement le
» viatique, en dépit de l'envie. J'ai déclaré expres-
» sément que je mourais dans la religion du roi
» très-chrétien et de la France ma patrie. Cela est
» fier et honnête. » Moi, je ne trouve cela ni fier ni honnête. Il faut vous dire ce qui s'était passé. Voltaire s'était mis dans son lit, et avait fait venir son chirurgien. Il voulut à toute force avoir la fièvre, puis il fit avertir le curé de Ferney de lui apporter le viatique. Celui-ci s'y refuse; Voltaire le menace de le citer devant la justice, et le curé tremblant arrive et lui donne la communion. Voltaire en fait dresser, par devant notaire, un procès-verbal, dans lequel il dit : « Ayant mon Dieu dans ma
» bouche, je déclare que je pardonne sincèrement
» à ceux qui ont écrit au roi des calomnies contre
» moi et qui n'ont pas réussi dans leurs mauvais
» desseins. »

Messieurs, je sais bon gré à Voltaire de n'avoir pas osé dire : Je n'ai fait ni la *Pucelle*, ni le *Dictionnaire philosophique*. C'est donc quelque chose d'avoir son Dieu dans la bouche. Remarquez bien, il ne dit pas je pardonne à ceux qui m'ont accusé d'avoir écrit ces ouvrages, mais je pardonne à ceux qui ont écrit des calomnies contre moi. Mais Paris philosophe, j'ai tort, Paris honnête homme s'indigne. Voltaire est obligé de se défendre, il écrit à M. Saurin : « J'ai été sur le point de mourir il
» y a quelques jours (il mourut ainsi toute sa vie).
« J'ai rempli, à mon dixième accès de fièvre, tous
» les devoirs d'un officier de la chambre du roi
» très-chrétien, et d'un citoyen qui doit mourir

» dans la religion de sa patrie. J'ai pris acte formel
» de ces deux points, par devant notaire, et j'en-
» verrai l'acte à notre cher secrétaire, pour le dé-
» poser dans les archives de l'Académie, afin que
» la prêtraille ne s'avise pas, après ma mort, de
» manquer de respect au corps dont j'ai l'honneur
» d'être. » Que de vanité ! officier de la chambre du roi ! ne pas manquer à l'honneur du corps! Il y a, Messieurs, l'honneur de l'homme qui vaut mieux que celui de l'Académie, que je respecte infiniment. (*Rires*).

Je vous demande pardon, Messieurs, de ces longs détails, mais Voltaire a si souvent insulté le peuple, qu'il nous est bien permis de prendre un peu notre revanche. Les impressions que vous avez ressenties à la lecture de ces divers passages, condamnent Voltaire et les infamies dérisoires qu'il a faites et dites. Comment, Monsieur le seigneur châtelain, vous édifierez vos paroissiens en communiant et en prêchant, quand c'est de votre part parodie et parjure?....vous croyez donc qu'on ne le saura pas dans votre village de Ferney? Quel exemple donnez-vous à vos paroissiens, sinon le plus funeste?

TROISIÈME LEÇON.

28 avril 1836.

Messieurs,

Je vous ai parlé de la prodigieuse activité de Voltaire à Ferney. Ne vous imaginez pas que Voltaire à Ferney, seigneur châtelain, cet homme qui avait tant d'esprit, tant de gloire, et qui pouvait se reposer, ne vous imaginez pas qu'il se repose jamais. Ne vous imaginez pas qu'il y ait une seule de ses heures, je dirai mieux, une de ses minutes qui soit consacrée au repos. Une activité prodigieuse le dévore ; ce n'est pas seulement de liberté, de politique, d'agriculture qu'il s'occupe, tout ce qui peut occuper l'esprit humain est de sa compétence.

Dans sa correspondance il s'entretient plusieurs fois avec des militaires. De quoi leur parle-t-il ? d'un chariot de guerre qu'il a imaginé et dont il voudrait voir l'expérience. Il faut à toute force que M. de Florian s'occupe de son chariot et lui rende compte de cette admirable invention, qui, suivant lui, doit changer la face de la guerre. Une autre fois il fonde une manufacture de montres. Voilà donc Voltaire qui se fait commis et intendant d'une manufacture d'horlogerie. Ne croyez pas que ses correspondans soient des personnes ordinaires. C'est l'impératrice de Russie, c'est le roi de Prusse; ce sont tous les rois. Il correspond avec eux, leur offrant ses montres. Il en vend en Russie, il espère pouvoir en vendre en Chine, et tout cela pour occuper la prodigieuse activité de son génie.

Ce correspondant, ce commis de manufacture, non seulement c'est en France qu'il veut vendre ses montres, mais il veut fonder une colonie, et il fait servir toutes les ressources de son génie à soutenir ses horlogers. Ainsi il écrit à la duchesse de Choiseul, lui demandant de l'argent pour sa colonie, des exemptions de droits pour ses montres. Il lui dit :

Dites bien à votre mari
Que des neuf filles de mémoire
Il sera le seul favori,
Si de fonder il a la gloire.
Didon, que j'aime tendrement,
Sera célèbre d'âge en âge;
Mais quand Didon fonda Carthage,
C'est qu'elle avait beaucoup d'argent.

C'est de cette manière spirituelle et ingénieuse que, provoquant, sollicitant tout le monde, il savait répandre la prospérité autour de lui.

Voilà le manufacturier; mais il y avait pour son activité un emploi plus grand encore. Il ne faut rien moins que l'activité de Voltaire pour suffire à la conduite et à l'administration du parti philosophique. Etre chef de parti, c'est une grande affaire; cela donne souvent plus d'embarras que de xuou trois ministères à conduire. Il faut qu'il supplée, je ne dis pas d'abord à toutes les bévues de son parti, emploi déjà énorme ; il faut encore qu'il réponde à toutes les bonnes raisons de ses adversaires ; de plus il y a de temps en temps des *exécutions* à faire, et c'est en cela que Voltaire excellait. J'appelle exécutions, des vengeances, souvent des justices, qu'on a à exercer contre les adversaires d'un parti.

Ainsi, vers 1763, Lefranc de Pompignan fut reçu à l'Académie Française. C'était un poète assez distingué. Il avait fait Didon ; il avait traduit des psaumes hébraïques assez connus dans la littérature. Honnête homme, il arrive à l'Académie et ne trouve rien de mieux, pour discours de récipiendaire, que de faire la critique et la satire des philosophes. Il attaque hardiment, consciencieusement le parti philosophique ; il dénonce ce parti qui ne tend à rien moins, dit-il, qu'à renverser l'autel et le trône, qu'à détruire la monarchie et la religion. Il y avait bien quelque arrière-fond de vérité dans ces reproches ; mais faire des reproches trop tôt, avant l'expérience, c'est s'exposer à n'être pas cru et à jouer le rôle de Cassandre, ce fut aussi celui que joua Lefranc de Pompignan. Ce fut dans tout le parti philosophe un haro qui s'éleva contre lui. Oser attaquer l'Encyclopédie, le parti philosophique ! On écrit aussitôt à Voltaire, une correspondance s'établit et chaque courrier apporte un nouveau pamphlet.

Alors apparaissent les *Mais*, les *Si*, les *Car*, les *Pourquoi*, et qu'est-ce que seront ces pamphlets?

Les *Si*, ce sera de commencer toutes les phrases par ces mots : Si M. Lefranc de Pompignan. Les *Car*, ce sera de finir toutes les phrases par : car M. Lefranc de Pompignan. Les *Que* et les *Quoi* ne seront pas plus difficiles. Mais au milieu de la chaleur des esprits, concevez quel effet devaient produire dans Paris ces pamphlets chaque jour répétés. Je ne veux pas m'intéresser à Lefranc de Pompignan. Je craindrais que l'ombre de Voltaire ne lançât contre moi des *Que*, des *Si;* mais cependant de notre temps, où la plaisanterie, quelquefois calomnieuse, s'est singulièrement développée grâce à la perfectibilité humaine qui s'applique aux machines à vapeur, ainsi qu'à la plaisanterie ; de notre temps, dis-je, il est curieux de considérer ces essais de la plaisanterie. Lefranc de Pompignan est la première victime de ce que j'appellerai la plaisanterie quotidienne et répétée. Cette plaisanterie n'a pas besoin d'être très-spirituelle ; mais il est certain qu'on rend un homme fort ridicule en répétant chaque matin son nom et en l'entourant de *Mais*, de *Que*, etc. Cette ironie perpétuelle, qui se répète plus fine ou plus aiguë, tua Lefranc de Pompignan.

Il ne faut pas croire cependant que Voltaire se bornait à ces petits pamphlets, qu'il se contentait de coups d'épingles. Il donnait aussi des coups de massue, qu'on me passe cette expression ; il lançait quelquefois les flèches d'Apollon. C'est une de ces flèches qu'il a décochée dans sa satire de *La Vanité*. Ce fut certainement le coup mortel porté à Lefranc de Pompignan. Je vous en lirai quelques vers :

Qu'as-tu, petit bourgeois d'une petite ville ?
Quel accident étrange, en allumant ta bile,
A sur ton large front répandu la rougeur ?
D'où vient que tes gros yeux petillent de fureur ?
Réponds donc. — L'univers doit venger mes injures [1];
L'univers me contemple, et les races futures
Contre mes ennemis déposeront pour moi.
— L'univers, mon ami, ne pense point à toi,
L'avenir encor moins ; conduis bien ton ménage,
Divertis-toi, bois, dors, sois tranquille, sois sage ;
De quel nuage épais ton front est offusqué !
— Ah ! j'ai fait un discours et l'on s'en est moqué.
Des plaisans de Paris j'ai senti la malice,
Je vais me plaindre au roi qui me rendra justice.
Sans doute il punira ces ris audacieux.
— Va, le roi n'a point lû ton discours ennuyeux.
Il a trop peu de temps ; et trop de soins à prendre :
Son peuple à soulager, ses amis à défendre,
La guerre à soutenir ; en un mot, les bourgeois
Doivent très-rarement importuner les rois.
La cour te croira fou ; reste chez toi, bonhomme.
— Non, je n'y puis tenir, de brocards on m'assomme,
Les *quand*, les *qui*, les *quoi*, pleuvant de tous côtés,
Sifflent à mon oreille, en cent lieux répétés.
On méprise à Paris mes chansons judaïques,
Et mon pater anglais et mes rimes tragiques,
Et ma prose aux quarante. Un tel renversement
D'un état policé détruit le fondement.
L'intérêt du public se joint à ma vengeance ;
Je prétends des plaisans réprimer la licence.
Pour trouver bons mes vers il faut faire une loi,
Et de ce même pas je vais parler au roi.

[1] Un provincial, dans un mémoire, a imprimé ces mots : « Il faut que tout l'univers sache que leurs majestés se sont occupés de mon discours. Le roi l'a voulu voir, toute la cour l'a voulu voir. »

Voici la fin :

Malheur à tout mortel, et surtout dans notre âge,
Qui se fait singulier pour être un personnage!
Piron seul eut raison, quand, dans un goût nouveau,
Il fit ce vers heureux, digne de son tombeau :
Ci gît qui ne fut rien. Quoi que l'orgueil en dise,
Humains, faibles humains, voilà votre devise.
Combien de rois, grands dieux! jadis si révérés,
Dans l'éternel oubli sont en foule enterrés.
La terre a vu passer leur empire et leur trône.
On ne sait en quel lieu florissait Babylone.
Le tombeau d'Alexandre, aujourd'hui renversé,
Avec sa ville altière a péri dispersé.
César n'a point d'asile où son ombre repose;
Et l'ami Pompignan pense être quelque chose!

Ce dernier vers charmant, qui arrive si à propos après des vers pompeux, devint la devise du malheureux Lefranc de Pompignan, et partout, quand il allait, se promenait, venait, on répétait derrière lui, disent les mémoires du temps : « Et l'ami Pompignan pense être quelque chose. » Et le dauphin lui-même se prenait à répéter quelquefois : « Et l'ami Pompignan pense être quelque chose. »

Ce sont là, je le répète, de ces exécutions, de ces justices que les chefs de parti sont appelés quelquefois à faire, et Voltaire était de ce côté le meilleur bourreau qu'on pût trouver.

J'arrive à un autre de ces justiciés ou suppliciés, à une autre des victimes de Voltaire, et ici je ne puis m'empêcher d'un certain embarras, de quelque scrupule; car il s'agit d'un recteur de l'université. Le recteur de l'université de Paris avait, en 1773 ou 1774, donné pour sujet du prix d'éloquence latine la maxime suivante : *Non magis Deo quàm regibus infesta est ista quæ vocatur hodiè philosophia.* Ce qui voulait dire, pour faire la version dans le sens de l'université : « Ce qu'on appelle aujourd'hui la philosophie est autant l'ennemie de Dieu que des rois. » C'était là ce qu'il fallait développer. Mais pour faire la version, comme la fit Voltaire, on devait dire : « Ce qu'on appelle aujourd'hui philosophie n'est pas plus l'ennemie de Dieu que des rois. » Et Voltaire ne trouva pas d'autre explication au latin de l'université. Ce fut, sur ce thême, un déluge de plaisanteries, et Cogé, le recteur, fut nommé par Voltaire *Coge Pecus*, ce qui était aussi peu poli pour le recteur que pour les étudians.

Voilà, Messieurs, quel était l'emploi que faisait Voltaire de son activité extérieure ; mais il faut pénétrer plus avant. Cette philosophie, si bien défendue avec tant de génie, de gaîté, de puissance, d'activité, de verve ; cette philosophie, je consens qu'il ne faille pas l'accuser d'avoir renversé le trône et l'autel ; mais faisait-elle le bonheur des individus ? contribuait-elle à l'amélioration des arts ? les élevait-elle ? les soutenait-elle ? donnait-elle au peuple cet appui que la philosophie, que toute doctrine élevée doit donner dans les traverses de la vie ? C'est là ce qu'il faut chercher avec un peu plus de soin. Quel est dans Voltaire la philosophie morale ?

Ce n'est point une question oiseuse. Si vous

voulez bien y regarder, je crois que toute philosophie peut se définir par la morale qui en résulte. Toute philosophie, tout système doit aboutir à une morale. J'écarte toute discussion, toute science, toute érudition, tout débat; mais je crois que, lorsqu'on juge la philosophie, on peut lui demander ce qu'elle produit sous le rapport moral. C'est là la question que nous avons le droit de lui adresser. L'Évangile nous dit : *Ex fructibus eorum cognoscetis eos*. C'est aussi de cette façon qu'il faut juger la philosophie. Voyons quels sont ses fruits, et nous saurons ce qu'elle est.

Les Lettres à madame du Deffant sont l'expression de la philosophie morale de Voltaire ; et prenez bien garde que pour tous les hommes il y a deux philosophies : celle des livres, de la vie d'apparat, et celle de la vie de tous les jours. C'est cette dernière que je veux chercher. Quant à celle d'apparat, qu'elle reste dans les livres. Nous pouvons y trouver cependant des maximes très-bonnes, et alors il faut nous les appliquer; mais à côté de cette philosophie de prospectus et de charlatanisme nous trouvons dans la Correspondance de Voltaire sa philosophie de tous les jours. Elle suinte dans toutes ses lignes; elle est le résultat de sa pensée de tous les instans. C'est celle-là que je trouve dans sa correspondance avec madame du Deffant. Ici, pour que l'accusation ne soit pas trop forte, j'ai besoin de vous donner des preuves. En effet, ce n'est qu'après que j'aurai mis les preuves sous vos yeux que vous pourrez en bien juger.

Madame du Deffant est une femme d'esprit,

pleine de tact, amie de quelques philosophes, jugeant leurs systèmes, critiquant leurs témérités, blâmant leur extravagance. Ainsi c'est la femme avec laquelle Voltaire doit le plus s'observer, et cependant, comme c'est une correspondance d'esprit, qu'il y a niveau de leurs intelligences, c'est avec madame du Deffant qu'il peut le plus s'épancher, non pas comme avec Helvétius ou Condorcet, mais comme avec une personne qui résume la philosophie du dix-huitième siècle. Voici ce qu'il lui écrit : « M. le président Hénault est-il toujours bien sourd? Du moins il est sourd à mes yeux ; mais je lui pardonne d'oublier tout le monde, puisqu'il est avec M. d'Argenson.

» A propos, madame, digérez-vous? Je me suis aperçu, après bien des réflexions sur le meilleur des mondes possibles, et sur le petit nombre des élus, qu'on n'est véritablement malheureux que quand on ne digère point. Si vous digérez, vous êtes sauvée dans ce monde ; vous vivrez long-temps et doucement. »

Voici donc une portion constituante et fondamentale du bonheur ici-bas, c'est la digestion. Mais il n'y a pas de bonheur, surtout celui de la digestion, qui ne soit quelquefois troublé, et cela peut faire faire des réflexions quand ce bonheur n'est pas aussi pur, aussi complet qu'à l'ordinaire. Mais alors on peut s'inquiéter, se chagriner, s'affliger : c'est un malheur ; il lui faut un remède. Si par hasard on allait craindre de mourir, le remède, c'est cette maxime facile et commode : *La mort, bah! n'y pensons pas*. Et voici ce qu'il écrit : «Vous m'affligez, madame; je voudrais vous voir heureuse dans ce plus sot des mondes possibles; mais comment faire? C'est déjà beaucoup de n'être pas du nombre des imbéciles et des fanatiques qui peuplent la terre; c'est beaucoup d'avoir des amis; voilà deux consolations que vous devez sentir à tous les momens. Si, avec cela, vous digérez, votre état sera tolérable.

» Je crois, toutes réflexions faites, qu'il ne faut jamais penser à la mort; cette pensée n'est bonne qu'à empoisonner la vie. La grande affaire est de ne point souffrir; car pour la mort on ne sent pas plus cet instant que celui du sommeil. Les gens qui l'annoncent en cérémonie sont les ennemis du genre humain; il faut défendre qu'ils n'approchent jamais de nous. La mort n'est rien du tout; l'idée seule en est triste. N'y songeons donc jamais, et vivons au jour la journée. Levons-nous en disant : Que ferai-je aujourd'hui pour me procurer de la santé et de l'amusement? C'est à quoi tout se réduit à l'âge où nous sommes. »

Vous voyez que c'est une philosophie commode et essentiellement portative. Et, comme en fait de bonnes maximes, on ne peut trop y revenir, comme on ne persuade pas ses auditeurs du premier coup et du premier mot, Voltaire revient sans cesse là-dessus.

« Je conviens avec vous, dit-il, que la vie est très-courte et assez malheureuse; mais il faut que je vous dise que j'ai chez moi un parent de vingt-trois ans, beau, bien fait, vigoureux, et voici ce qui lui est arrivé : il tombe un jour de cheval à la chasse ; il se meurtrit un peu la cuisse, on lui fait une petite incision, et le voilà paralytique pour le reste de ses jours; non pas paralytique d'une partie de son corps, mais paralytique à ne pouvoir se servir d'aucun de ses membres, à ne pouvoir soulever la tête, avec la certitude entière de ne pouvoir jamais avoir le moindre soulagement : il s'est accoutumé à son état, et il aime la vie comme un fou.

» Ce n'est pas que le néant n'ait du bon ; mais je crois qu'il est impossible d'aimer véritablement le néant malgré ses bonnes qualités.

» Quant à la mort, raisonnons un peu, je vous prie : il est très-certain qu'on ne la sent point ; ce n'est point un moment douloureux, elle ressemble au sommeil comme deux gouttes d'eau ; ce n'est que l'idée qu'on ne se réveillera plus qui fait de la peine ; c'est l'appareil de la mort qui est horrible, c'est la barbarie de l'extrême-onction, c'est la cruauté qu'on a de nous avertir que tout est fini pour nous.

» A quoi bon venir nous prononcer notre sentence, elle s'exécutera bien sans que le notaire et les prêtres s'en mêlent. Il faut avoir fait ses dispositions de bonne heure, et ensuite n'y plus penser du tout.

» On dit quelquefois d'un homme : il est mort comme un chien ; mais vraiment un chien est très-heureux de mourir sans tout cet attirail dont on poursuit le dernier moment de notre vie. Si on avait un peu de charité pour nous, on nous laisserait mourir sans nous en rien dire. »

Dans une autre lettre, Voltaire dit que l'important pour nous, c'est de nous moquer les uns des autres, d'arriver au bout de chaque journée, de souper et de dormir.

Eh bien! vous connaissez maintenant cette philosophie que j'appelle la philosophie de tous les jours. Pour être juste et impartial, il faut dire qu'il y a dans tout cela un ton de plaisanterie qui fait que nous ne devons pas prendre toujours au sérieux les maximes de Voltaire; mais réfléchissez un instant à ce que c'est que la vie humaine avec cette façon de la conduire. D'abord pourquoi vivons-nous ici-bas? Il paraît, selon Voltaire, que c'est afin de nous moquer les uns des autres, et quand nous cesserons d'être ridicules, il faudra en finir. Et puis l'important, c'est d'atteindre le bout de la journée en s'amusant comme on peut, de souper et de dormir.

Voulez-vous un instant comparer cette journée ordonnée d'une manière si philosophique avec la journée du plus simple ouvrier, de l'homme à qui Voltaire renvoie dédaigneusement les préjugés, les croyances, la religion, toutes choses bonnes pour le peuple? Il me semble, quant à moi, que la journée de l'ouvrier qui travaille pour nourrir sa famille est anoblie par son but et vaut dix fois mieux que celle de Voltaire. Lorsqu'on compare à cette vie celle de l'homme du monde qui pense qu'il faut régler sa journée d'après les principes de la morale et de l'honnêteté, qu'il faut donner à chaque heure comme à chaque pensée un but noble et élevé, qu'il faut faire le bien autant que possible, nous trouvons encore cet emploi de la journée de l'homme du monde bien des fois préférable à l'emploi de la journée de la philosophie du dix-huitième siècle.

Et puis quelle idée de dire : ne pensons pas à la mort, que ceux qui nous l'annoncent sont nos ennemis ; mais la fièvre ne nous l'annonce-t-elle pas ? De quoi se plaint Voltaire sans cesse ? qu'il est malade, qu'il se meurt, que demain il ne sera plus question de lui ; qu'il va passer dans le royaume ou des âmes ou du néant. Cependant Voltaire avait arrangé ses affaires de bonne heure ; son testament était depuis long-temps fait. La mort lui était sans cesse présente, car nous ne pouvons chasser cette idée qui nous rappelle ce que nous sommes et qui nous enseigne quelques bonnes pensées.

Maintenant, comment Voltaire entend-il la vieillesse ? Je ne veux pas ici prendre ce qu'il dit trop au sérieux. Je sais qu'il est poète et moqueur ; mais en vérité je ne puis guère m'intéresser à cette vieillesse. Assurément je serai approuvé de vous tous, et surtout des plus jeunes d'entre vous, quand je dirai qu'il n'y a rien de plus respectable, de plus sacré, de plus saint, que des cheveux blancs sur une tête honnête. Eh bien ! je ne puis pas m'habituer à croire Voltaire un vieillard ; il y a bien chez lui le poids des années, les rides, des lèvres séchées à force de rire ironiquement des malheurs de l'humanité ; il y a bien sur sa figure la grimace de quelqu'un qui n'a plus long-temps à vivre ; mais le caractère saint et sacré de la vieillesse, ce quelque chose de calme et de reposé, tout cela je le regrette, mais je ne le vois pas dans Voltaire. Aussi, quand il parle de sa vieillesse, il le fait d'une manière gaie, amusante, et jamais de manière à inspirer le respect. Voici quelques vers charmans sur les désagrémens de la vieillesse. Voltaire avait alors quatre-vingt-un ans.

Oui, je sais qu'il est doux de voir dans ses jardins
Ces beaux fruits incarnats et de Perse et d'Épire,
De savourer en paix la séve de ses vins,
Et de manger ce qu'on admire.
J'aime fort un faisan qu'à propos on rôtit;
De ces perdreaux maillés le fumet seul m'attire;
Mais je voudrais encore avoir de l'appétit.

Sur le penchant fleuri de ces fraîches cascades,
Sur ces prés émaillés, dans ces sombres forêts,
Je voudrais bien danser avec quelques dryades;
Mais il faut avoir des jarrets.
J'aime leurs yeux, leur taille et leurs couleurs vermeilles,
Leurs chants harmonieux, leur sourire enchanteur;
Mais il faudrait avoir des yeux et des oreilles:
On doit s'aller cacher quand on n'a que son cœur.

Vous serez comme moi quand vous aurez mon âge,
Archevêques, abbés, empourprés cardinaux,
Princes, rois, fermiers-généraux;
Chacun avec le temps devient tristement sage:
Tous nos plaisirs n'ont qu'un moment.
Hélas! quel est le cours et le but de la vie?
Des fadaises et le néant.
O Jupiter! tu fis en nous créant
Une froide plaisanterie.

Cependant, pour animer cette vieillesse, il y avait autre chose que de l'ironie; il y avait encore le sentiment de la poésie. Il est poète encore, ce vieillard desséché. Les vers que vous venez d'entendre sont encore dans le ton de la poésie de Voltaire dans ses plus beaux jours, et ce sentiment de la poésie, pas plus que son étonnante facilité, ne l'abandonna jamais. Je me souviens actuellement qu'un an avant sa mort madame de Florian lui disant qu'elle voulait qu'il vécût long-temps, il lui répondit.

Vous voulez arrêter mon âme fugitive;
Ah, madame, je le vois bien :
De tout ce qu'on possède on ne peut perdre rien,
On veut que son esclave vive.

A quatre-vingt-quatre ans il prit fantaisie à Voltaire de venir jouir de sa gloire à Paris; ce n'est pas qu'il n'eût cette idée depuis long-temps; mais la cour s'y opposait. Tant que vécut Louis XV, Voltaire ne put venir à Paris. Sous le nouveau règne de Louis XVI, les préjugés s'étant un peu calmés, ou plutôt la gloire et l'ascendant de Voltaire étant irrésistibles, il obtint la permission de venir à Paris; la cour devait fermer les yeux sur son séjour. Fermer les yeux, c'était bien pour la cour; mais pour le peuple, c'était impossible. Ce fut le plus grand événement de l'année 1778, l'un des grands événemens du siècle, que l'arrivée de Voltaire à Paris. Ce fut une ovation décernée à la philosophie dans la personne de son patriarche.

Doit-on attribuer ce voyage uniquement au désir de jouir de sa gloire et de ses triomphes, ou bien madame Denis s'ennuyait-elle à Ferney? Quoi qu'il en soit, ce fut en février 1778 que Voltaire arriva à Paris. L'enthousiasme qu'il excita est impossible à décrire. Ce fut dans ses salons, quai Voltaire, au coin de la rue de Beaune, une foule de courtisans, de dames de la cour, d'écrivains; tout le monde arrivait, voulait voir le patriarche qui s'y prêtait gracieusement, recevant tout son monde en robe de chambre, en pantoufles et en bonnet de nuit.

Au lieu de chercher à décrire l'enthousiasme qu'il produisit, j'aime mieux vous raconter une anecdocte qui vous montrera jusqu'à quel point l'adulation était portée.

Il y avait foule dans ses salons, une foule immense; on observait le silence le plus complet pour écouter les moindres mots du patriarche. Voltaire causait avec une dame de la cour, et, suivant un de ses goûts et l'un des goûts familiers aux vieillards (la dame aussi était vieille), ils s'entretenaient de leurs infirmités mutuelles. Probablement Voltaire lui demandait si elle digérait, c'est-à-dire si elle était heureuse, et il lui donnait des conseils pour prendre les alimens les plus légers et qui se prêtent le plus au bonheur. Il lui disait : « Avez-vous, madame, essayé de la fécule de pomme de terre. Cet aliment est très-léger »; et tout à coup dans un coin du salon, un jeune courtisan, un adepte de la philosophie, s'écrie : Quel homme! quel homme! pas un mot sans un trait!

Cependant s'il avait la gloire, Voltaire avait moins encore de santé qu'à Ferney; il était fatigué, malade, crachant le sang, et le triomphe qu'on lui décerna au mois de mars 1778, ce triomphe ne contribua pas à le guérir. Le 30 mars 1778, il se rendit à l'Académie qui par acclamation le nomma son directeur et lui fit prendre le fauteuil, quoique ordinairement il fût tiré au sort. A la séance on lut l'éloge de Boileau. D'Alembert, qui l'avait composé et qui le lisait, l'avait transformé en l'éloge de Voltaire. Le soir à la Comédie-Française on jouait Irène. Ce furent des trépignemens lorsqu'il parut dans la salle. Après la pièce le rideau se releva, et les acteurs en habits de ville parurent sur la scène; puis s'ouvrant, on vit le buste de Voltaire placé sur un piédestal. Les acteurs y déposèrent des couronnes; on lut des vers faits à cette occasion.

Voltaire, après cette ovation, en descendant l'escalier fut accompagné par une foule immense qui le conduisit jusque chez lui en faisant retentir l'air des cris: Vive Voltaire! On lui faisait des titres de gloire de chaque titre de ses ouvrages; on attendit, dit-on, qu'on fût dans la cour de son hôtel pour lui faire un titre de gloire de la Pucelle; c'était une gloire à huis clos. Sur le perron de l'hôtel se tournant vers le public enivré, enivré lui-même il s'écria : Vous voulez donc m'étouffer sous des roses. En effet il vécut peu de temps après, ce fut son plus beau triomphe, mais ce fut aussi presque son dernier jour.

Ce n'est pas que parmi ces roses il n'y eût quelques épines. Ainsi il y eut des épigrammes; on en fit contre Voltaire vieux, malade, triomphant à Paris. Cela prouve qu'il n'y a aucune grandeur, aucune gloire, aucune renommée qui puisse garantir de l'épigramme.

Lorsqu'il était arrivé à Paris, Voltaire, en homme prudent, en homme qui, vous le savez, ne s'effrayait pas d'un peu d'hypocrisie, avait pensé à arranger ses affaires avec l'Eglise. Il y avait en ce moment à Paris un certain abbé Gaultier, chapelain des Incurables, homme fort pieux, fort éclairé, qui venait de se faire une réputation par la conversion qu'il avait faite de l'abbé de Lattaignant, chansonnier spirituel, abbé comme il y en avait beaucoup à cette époque, qu'il fallait convertir au moment de leur mort. L'abbé Gaultier, après avoir converti Lattaignant, voulait convertir Voltaire. Il lui écrivit. Celui-ci lui répondit, fit une déclaration ou une rétractation, eut avec l'abbé Gaultier une conversation qu'il appela une confession; mais, la santé lui revenant, il oublia l'abbé Gaultier et écrivit de nouveau.

Une des choses qui contribuèrent le plus à avancer les derniers jours de Voltaire, ce fut le travail excessif dont il se chargea dans la séance de l'Académie. Il avait demandé qu'on recommençât le dictionnaire sur un nouveau plan qu'il indiqua, et pour donner l'exemple il se chargea de la lettre A. Pour suffire à un pareil travail il but du café à l'excès afin de se tenir toujours éveillé et dispos; mais bientôt une inflammation survint, et Voltaire fut à deux doigts de la mort.

Ce fut le 30 mai 1778 à onze heures du soir, qu'il expira. Il s'est élevé de grands débats sur la question de savoir comment Voltaire était mort.

Quant à moi je ne conçois guère l'intérêt qu'on a pu mettre à cette question. Les uns, le parti philosophe, voulaient à toute force que Voltaire fût mort comme un vrai philosophe, sans aucune repentance, sans aucune hésitation, en vrai Caton. Les autres, au contraire, le parti dévot, voulaient qu'il fût mort dans une sorte de désespoir. J'avoue que, quant à moi, je ne vois pas, ni ce que la religion, ni ce que la philosophie pouvaient gagner, la philosophie à la tranquillité, la religion aux convulsions de Voltaire mourant.

C'est une des questions du jour qui ont perdu tout leur intérêt. Cependant l'abbé Gaultier se crut tenu de faire une déclaration sur ce qu'il connaissait de la mort de Voltaire. Il résulte de cette déclaration que Voltaire ayant perdu sa tête, il était hors d'état, soit de faire le philosophe, soit de faire le chrétien. Il ne pouvait jouer la comédie chrétienne, il n'avait plus sa tête. C'est donc en 1778 que mourut Voltaire.

Eh bien! onze ans après, cette monarchie et cette religion, qu'on l'a accusé d'avoir rudement ébranlées, commençaient à s'écrouler en 1789.

Je serais curieux de savoir si Voltaire dans les derniers instans de sa vie, dans ses dernières années, a pressenti la révolution qui s'avançait. Je trouve qu'il a été, à l'égard de cette révolution, de cette convulsion sociale qu'il avait préparée par ses écrits, je trouve qu'il a été dans l'aveuglement de tout son siècle. Le dix-huitième siècle appelait de tous ses vœux une révolution; personne ne la crut ni si terrible ni si profonde. Chacun voyait en perspective un paradis terrestre; chacun voulait mettre la main à l'œuvre, ceux-là mêmes qui devaient le plus y perdre. Voltaire, écrivant à M. le marquis de Condorcet, le félicitait de ce qu'il pouvait assister aux beaux jours qu'il avait préparés. Il est impossible de ne pas se défendre de fort tristes pensées quand on lit ces paroles et qu'on réfléchit à qui elles s'adressent : « Vous ferez de beaux jours et vous les verrez. » Voici ces beaux jours du marquis de Condorcet. Il fut à l'Assemblée législative, à la Convention nationale ; il faut le dire à son honneur, il vota avec les Girondins, il fut proscrit avec eux et se cacha dans Paris. Une femme généreuse lui donna asile pendant neuf mois. Une loi épouvantable menaça de mort ceux qui donnaient asile aux proscrits. Condorcet, pour ne pas compromettre sa bienfaitrice, sortit de Paris ; il erra pendant trois jours dans les environs, mourant de faim, couchant dans les carrières. Enfin le troisième jour, désespéré, affamé, il entre à Clamart sous Meudon dans une auberge. Il demande qu'on lui serve à manger. A son air misérable, on craint qu'il ne puisse pas payer. Pour rassurer l'aubergiste, il tire de sa poche un portefeuille encore élégant : sur cet indice on s'imagine que c'est un proscrit : un paysan, membre du club révolutionnaire, fier d'arrêter un proscrit, le fait saisir et conduire à Bourg-la-Reine, il fait la route à pied, il s'évanouit plusieurs fois dans le chemin. Arrivé à Bourg-la-Reine on le jette dans une prison ; pendant la nuit il s'empoisonne avec ce poison de Cabanis qu'on appelait alors le poison des proscrits.

Voilà les beaux jours du marquis de Condorcet, qu'il s'est faits pour lui-même ! et je suis frappé, je le répète, je suis affligé de tristes pensées quand je songe que c'est ainsi qu'ont fini tant d'écrivains philosophes, tant de femmes brillantes, tous les élèves du dix-huitième siècle.

Voilà comment ce dix-huitième siècle s'est en quelque sorte réveillé de ses illusions, ou en face de l'échafaud, ou au fond des prisons. Et ne croyez pas que, face à face avec la mort, ce soit la philosophie de Voltaire dont ils se sont souvenus; ils ont trouvé de la croyance en Dieu. Tous ces abbés libertins, tous ces petits évêques de Mont-Rouge, tous ces petits chantres de petits vers, grâce à Dieu, ils avaient été élevés dans le christianisme. En face de la guillotine ils ont retrouvé le christianisme ; ils sont morts héroïquement. Et ces femmes perdues de mollesse, elles ne se sont plus souvenues de la philosophie ; elles n'ont plus eu que de nobles sentimens ; les unes sont mortes en chantant des psaumes, d'autres, comme madame Rolland, en attestant la liberté ; il n'y a qu'une femme dans les derniers soupirs de laquelle je retrouve les paroles et les impressions de la philosophie, non pas de la grande, de celle que nous devons bénir ; mais, je le répète, de cette philosophie de tous les jours, de tous les instans ; il n'y a qu'une femme qui ait eu ces souvenirs jusqu'au bout, c'est celle qui jetait des cris perçans lorsqu'on la conduisait à la guillotine, et qui, sur l'échafaud, riait avec une expression si douloureuse qu'elle fit effet sur le peuple ; car il est plus ému quand on crie par peur que quand on lui parle avec courage ; c'était celle qui criait : « Encore un petit moment, monsieur le bourreau. » C'était madame Dubarry. C'est la seule qui ait attesté, jusque sur l'échafaud, cette philosophie que nous devons proscrire à tout jamais.

QUATRIÈME LEÇON.

29 avril 1836.

Messieurs,

Je veux examiner aujourd'hui avec vous *Rome sauvée* de Voltaire, que je comparerai au *Catilina* de Crébillon. Je comparerai ensuite aux deux poètes français les *Catilinaires* de Cicéron, et le *Bellum Catilinarium* de Salluste ; c'est l'antiquité et les temps modernes que nous allons confronter. Des ouvrages de temps différens faits dans des idées fort différentes, les uns pour la scène, les autres faits avec le retentissement des passions contemporaines sous le coup même de l'histoire ; ce sont des ouvrages de nature si différente que nous allons comparer.

Je commencerai par les poètes français, afin de nous élever de la fiction à la vérité, de ce qu'il y a de fictif, de conventionnel, à ce qu'il y a de vrai et de sincère. Je commence par Crébillon, et voici quel est encore mon motif : c'est qu'à part le mérite qu'on ne peut lui refuser, mérite tragique, à part ce mérite, il me paraît cependant un de nos auteurs dramatiques qui ont le plus donné aux conventions. Crébillon est un tragique romanesque.

Dans le dernier siècle, quand on voulait l'opposer à Voltaire, on l'a appelé l'Eschyle français. Je ne sais si ceux qui lui donnaient ce nom connaissaient Eschyle; mais, à coup sûr, il n'y a rien qui lui ressemble si peu que Crébillon. Il est plutôt un tragique de l'école de l'abbé Prévost, dont beaucoup d'entre nous doivent connaître les romans; je ne parle pas seulement de *Manon Lescaut*, chef-d'œuvre de naturelle et de véritable émotion, mais de *Cléveland* et du *Doyen de Killerine;* ceux qui ont lu ces ouvrages ont remarqué le talent singulier de Prévost pour amonceler les unes sur les autres des aventures plus extraordinaires les unes que les autres, penchant vers le tragique et le sombre, et cependant jamais le lecteur n'est fatigué; c'est une espèce de conteur arabe transplanté, je ne sais comment, en Europe, c'est une imagination orientale.

Je comparerai donc Crébillon à l'abbé Prévost et non à Eschyle; où il triomphe, où il réussit le mieux c'est évidemment dans les pièces où, loin de s'en tenir à l'histoire, il l'abandonne hardiment, et se jette dans le roman.

Si l'on connaît l'histoire de Crébillon, comment il a vécu, si l'on se représente la manière dont il vivait, retiré dans le faubourg Saint-Marceau, occupé à lire les romans de l'ancien temps, on verra comment son génie s'était tourné aisément vers cet entassement d'aventures romanesques. Voyez *Rhadamiste*, son chef-d'œuvre; l'idée principale est historique, mais le développement des aventures, le nœud du drame est romanesque;

c'est là qu'il triomphe. Examinez ses autres pièces où il a voulu suivre l'histoire; ce sont des épisodes romanesques qu'il invente, et c'est là qu'il réussit le mieux; mais il manque souvent dans la vérité des événemens, des mœurs historiques. Eh bien! c'est là le reproche le plus grave à lui faire, c'est un art tout de convention, d'étiquette et de cérémonie, où l'on ne trouve rien d'historique ni de vrai, mais beaucoup d'aventures et de caractères extraordinaires. C'est le principal défaut du *Catilina* de Crébillon. Je crois que dans *Rhadamiste* il était permis d'inventer, faute de renseignemens historiques; Tacite seul en a écrit quelques mots. Mais pour la conjuration de Catilina, il y a non seulement Salluste qui l'a racontée, mais il y a surtout Cicéron qui a laissé un discours remarquable sur ce sujet.

C'est surtout dans Catilina que l'histoire doit dominer, parce que dans les historiens et dans les orateurs nous retrouvons la pièce; il n'est pas permis de rien inventer, tout peut y être vrai. Eh bien! Crébillon s'est avisé de faire un Catilina de convention, et de soumettre aux mauvaises règles de l'art dramatique de son époque cette grande et mémorable conspiration.

Vous savez l'enthousiasme qu'exita ce *Catilina*, enthousiasme de convention comme la pièce elle-même. Il s'agissait d'écarter Voltaire de la cour: on inspira à madame de Pompadour une sorte d'enthousiasme pour Crébillon. La pièce fut jouée, la cabale ne manquait pas; on applaudit, et *Catilina* passa pour une très-bonne pièce; ce ne fut qu'au bout de quelque temps que les yeux s'ouvrirent, le bandeau tomba, et la pièce resta ce qu'elle était. Je ne veux pas la parcourir tout entière, je ne veux prendre que quelques passages ; montrer ce qu'il a fait des caractères, et surtout comment, sous chaque rapport et sous chaque côté de la tragédie, tout ce qui aurait pu être vrai dans l'œuvre est devenu faux, grâce à Crébillon.

Une conspiration, c'est une affaire politique ; mais à cette époque, comment traitait-on la politique ? Il y avait au théâtre une politique de convention, un étalage de sentimens machiavéliques dont Corneille avait peut-être donné le premier l'exemple. Le politique, au théâtre, n'était pas un homme qui, sous les dehors de la simplicité et de la franchise, conduit une affaire compliquée ; au contraire, c'était un homme rempli d'idées machiavéliques, comme nous trouvons dans les premiers mots de Catilina. Dans la scène d'exposition, nous voyons quel est le caractère de Catilina. Lentulus, un de ses complices, lui parle de cruautés qu'il a commises ; Catilina répond :

. . . . . Ces cruautés, qui lui font tant d'horreur,
Sont de ma politique, et non pas de mon cœur.

Eh ! mon Dieu ! qu'avons-nous affaire que Catilina ait un bon cœur ? C'est la première fois qu'on le justifie ; qu'il soit conspirateur, mais qu'on ne parle pas de sa sensibilité !

Ce qui semble forfait dans un homme ordinaire,
En un chef de parti prend un aspect contraire.

Vertueux ou méchant, au gré de son projet,
Il doit tout rapporter à cet unique objet.
Qu'il soit cru fourbe, ingrat, parjure, impitoyable,
Il sera toujours grand, s'il est impénétrable;
S'il est prompt à plier ainsi qu'à tout oser,
Et qu'aux yeux du public il sache en imposer.
Il doit se conformer aux mœurs de ses complices,
Porter jusqu'à l'excès les vertus et les vices,
Laisser de ses revers le soin à ses succès.
Tel on déteste avant, que l'on adore après.

Voilà une poétique à l'usage des conspirateurs; s'il y en a quelqu'un dans cette assemblée (*on rit*), à Dieu ne plaise! je ne leur conseille pas de suivre cette poétique-là. En effet, il n'y a rien qui me semble toucher de si près à la comédie que cette façon d'annoncer qu'on est un grand scélérat, de dire à ses complices qu'on est impénétrable, qu'on se possède; cette espèce de machiavélisme en vers, qui s'avoue, qui s'étale, qui se drape, ne me semble pas de la politique; c'est de la politique de théâtre, mais pas de la vraie, de la simple politique; ce n'est pas ainsi que doit agir l'homme politique au théâtre, il doit être plus intéressant et surtout moins naïf.

Si Catilina nous parle de son cœur, c'est que dans la pièce son cœur joue un grand rôle. A côté de la politique de convention il y avait une autre règle, une autre étiquette aussi ridicule, c'était que tous les héros fussent amoureux. Je donnerais à deviner de qui Catilina est amoureux. Non seulement, au théâtre, il faut être amoureux, mais de plus, il faut l'être de quelqu'un dont on ne s'aviserait jamais de le devenir; l'héroïne la plus extraordinaire devient la plus intéressante. Crébillon a trouvé que la meilleure manière de rendre Catilina amoureux était de lui faire aimer Tullie, fille de Cicéron.

Catilina avoue son amour pour la fille de Cicéron; son complice Lentulus s'étonne que dans un cœur

. . . . . qu'un si grand soin entraîne
Il peut concilier tant d'amour et de haine;

Et il ajoute :

L'amour pour *tes* pareils aurait-il des appas?

Catilina répond :

Ah! si je le ressens, je n'y succombe pas.
Qu'un grand cœur soit épris d'une amoureuse flamme,
C'est l'ouvrage des sens, non le faible de l'âme.

J'avoue que cette métaphysique amoureuse me semble peu intéressante dans la bouche de Catilina. Je ne pousserai pas plus loin le développement de cet amour; mais il n'y a rien de plus ridicule que la scène entre lui et Tullie :

CATILINA.

Quoi, madame, aux autels vous devancez l'aurore!
Eh! quel soin si pressant vous y conduit encore?
Qu'il m'est doux cependant de revoir vos beaux yeux,
Et de pouvoir ici rassembler tous mes dieux!

Tullie est bien moins tendre :

Si ce sont là les dieux à qui tu sacrifies,
Apprends qu'ils ont toujours abhorré les impies,

Et que si leur pouvoir égalait leur courroux,
La foudre deviendrait le moindre de leurs coups.

Vous entendez que ce serait des yeux de Tullie que la foudre partirait pour foudroyer Catilina.

Cet entassement de malheurs et de conspirations d'un côté, l'amour d'un autre, sont du plus complet ridicule. Voilà pour deux des sentimens qui souvent sont mis en scène dans la tragédie ; voilà comment Crébillon a traité l'amour et la politique.

Mais il y a un autre reproche plus grave à lui faire, reproche qui ne s'applique pas seulement à sa pièce, mais à quelques unes des pièces de notre théâtre moderne. Crébillon n'a pas voulu faire de Catilina la victime de la pièce; il est forcé au dénouement de le faire tuer; mais il lui a donné un grand caractère, il en a fait un scélérat matamore aux ordres duquel tout le monde est soumis dans la pièce. Quand on l'a lue, on ne sait pourquoi Catilina conspire. Est-ce pour être le maître? Tout le monde est à ses ordres; le sénat veut se soumettre à lui, Cicéron le remercie, Caton l'admire ; César, dit-il, est son esclave. Je ne sais pourquoi il conspire, il ne peut rien avoir de mieux.

Le principal reproche que je lui fais, c'est de vouloir toujours déifier le crime, de lui donner des proportions gigantesques ; c'est un défaut du théâtre actuel de s'imaginer qu'il y a dans le crime je ne sais quelle grandeur, quelle majesté particulière à laquelle tout doit céder; de faire rallier autour d'un grand criminel tout l'intérêt d'une pièce, c'est une grave erreur, sous le rapport de l'art et sous celui de la morale.

Sous le rapport de l'art, jamais le crime n'est intéressant qu'à condition qu'il soit mêlé à quelque vertu. Lorsque c'est ce crime tout seul qui anime une pièce, elle est monotone : c'est le défaut de la pièce de Crébillon, elle n'a aucun intérêt. Vous savez que dans les *Catilinaires*, Cicéron engage Catilina à quitter Rome et à rejoindre le consul Manlius ; ici, le sénat lui a déféré le gouvernement de l'Asie ; c'est quelque chose que ce gouvernement, il y a bien de quoi le tenter ; mais il est quelque chose de si grand que voici sa réponse :

Ainsi donc le sénat veut, sans me consulter,
Me charger d'un emploi que je puis rejeter.
Je ne sais s'il a cru me forcer à le prendre ;
Mais j'ignore comment vous osez me l'apprendre,
Et croire m'éblouir jusqu'à me déguiser
Tout l'affront d'un honneur que je dois mépriser.

Mais quel affront à être gouverneur de l'Asie, et qu'y a-t-il d'insolent à Cicéron à lui annoncer que le sénat le nomme gouverneur de l'Asie? C'est, dit-on, pour l'écarter de Rome. Alors il fait sur son dessein un discours à Cicéron, mêlé de grands mots, de rétablir la liberté, de punir les crimes, de réprimer les vices, tellement qu'il jette Cicéron (qui en fait de grands discours devait s'y connaître) dans un si grand embarras, qu'il s'écrie étant seul :

. . . Dans quel désordre il laisse mes esprits !
Quelle honte pour moi, si je m'étais mépris!
Catilina pourrait ne pas être coupable ;
Mais qu'il est dangereux, et qu'il est redoutable !

Quel ennemi le sort nous a-t-il suscité !
Que de courage ensemble et de subtilité !

Eh bien ! c'est le rôle tout entier de Cicéron dans la pièce, et je le comparerais au rôle de Cassandre. Etre pendant toute la pièce dans une sorte d'incertitude sur Catilina, ne pas savoir s'il est un grand citoyen ou un grand scélérat ; c'est le rôle de Cicéron, rôle qui l'avilit, le dégrade et en fait un personnage fort peu intéressant.

Je passe beaucoup de scènes que je pourrais citer, pour montrer tout le mauvais goût dans lequel Crébillon s'est égaré ; j'arrive à la scène la plus importante, celle où la conspiration va s'expliquer. C'est la première scène du quatrième acte : nous sommes au sénat.

Nous verrons plus tard comment les choses se sont passées, l'histoire est là ; nous avons pour raconter la conspiration de Catilina, non pas le *Moniteur*, mais les *Catilinaires* de Cicéron, qui valent bien le *Moniteur ;* eh bien ! nous trouverons là, j'ose le dire, les impressions, les mouvemens de l'assemblée, la scène tout entière : mais ici, qu'allons-nous trouver ? Les sénateurs sont assemblés, ils délibèrent sur le danger de la patrie ; jamais plus grand danger, jamais plus grave délibération; c'est Cicéron, Crassus, Caton, Lentulus, tous hommes que nous sommes habitués à respecter, qui ont dans l'histoire des proportions gigantesques. Au milieu de la scène, entre Catilina. Vous savez que l'histoire a conservé l'effet prodigieux de son entrée, l'indignation publique, tout le monde s'écartant..... Vous verrez ce que Crébillon en fait.

Je commence par Caton ; je veux bien qu'il ne soit qu'un grondeur inutile, qu'il se lamente sur les malheurs de la patrie, sans savoir y remédier ; mais ici ce rôle de grondeur est poussé jusqu'à l'excès ; je ne crois pas que dans aucune assemblée, quand on veut produire un effet quelconque, ce soit un bon moyen que de lui parler comme fait Caton au sénat ; ainsi il lui dit :

Voyez de notre état la chute épouvantable,
Ce que fut le sénat, ce qu'il est aujourd'hui,
Et le profond mépris qu'il inspire pour lui.
Scipion, qui des dieux fut le plus digne ouvrage;
Scipion, ce vainqueur des héros de Carthage ;
Scipion, des mortels qui fut le plus chéri,
Par un vil délateur se vit presque flétri.

Mais ce n'était pas le sénat. Voici maintenant quelques beaux vers, les seuls de la pièce :

Sylla vient, qui remplit Rome de funérailles,
Du sang des sénateurs inonde nos murailles.
Il fait plus ; ce tyran, las de régner enfin,
Abdique insolemment le pouvoir souverain,
Comme un bon citoyen meurt heureux et tranquille,
En bravant le courroux d'un sénat imbécile,
Qui, charmé d'hériter de son autorité,
Éleva jusqu'au ciel sa générosité,
Et nomma sans rougir père de la patrie
Celui qui l'égorgeait chaque jour de sa vie.

Ces vers sont énergiques et appropriés à la situation, mais cette épithète de sénat *imbécile*, est-ce une manière de se concilier l'auditoire ? En vérité, en relisant cette scène, je finis par m'intéresser à quelqu'un, au sénat, car c'est le plus maltraité. On a vu comme Caton l'avait traité; quand Catilina entre, c'est bien autre chose, les invectives sont bien plus sanglantes encore. Ainsi, il reproche aux sénateurs de le croire coupable, de croire qu'il conspire pour obtenir le souverain pouvoir; et savez-vous pourquoi il ne veut point de souverain pouvoir? Le voici :

> Malheureux que je suis d'être né parmi vous!
> Sylla vous méprisait, et moi je vous déteste.
> De nos premiers tyrans vous n'êtes qu'un vil reste;
> Juges sans équité, magistrats sans pudeur,
> Qui de vous commander voudrait se faire honneur?
> Et vous me soupçonnez d'aspirer à l'empire!
> Inhumains, acharnés sur tout ce qui respire,
> Qui depuis si long-temps tourmentez l'univers,
> Je hais trop les tyrans pour vous donner des fers.

En vérité, jamais sénat, jamais assemblée quelconque n'a été traitée de cette façon. Après l'avoir ainsi terrassé par l'audace de cette parole, il invente je ne sais quel projet qu'il avait eu autrefois de plonger un poignard dans le sein de chaque sénateur. Il leur dit qu'il y a renoncé, qu'il vient les délivrer : il invente un autre danger, et comme dans l'assemblée il s'élève quelques murmures, ce qui est concevable, il s'exprime ainsi :

> Imprudens! savez-vous, si j'élevais la voix,
> Que je vous ferais tous égorger à la fois?

Qu'était-ce donc que Catilina? Comment! il est au sénat, et il peut dire cela! C'est donc un roi! un maître!

Instruit de votre haine et de mon innocence,
Tout le peuple à grands cris m'excite à la vengeance;
Mais je n'imite pas les fureurs de Caton,
Et je laisse la peur au sein de Cicéron.

Et enfin, il finit par leur dire:

Lorsque vous ne songez qu'à me faire périr,
Ingrats, sur vos malheurs je me sens attendrir.
Je sens en ce moment l'amour de la patrie
Reprendre dans mon cœur une nouvelle vie;
Et votre aveuglement me fait trop de pitié,
Pour vous sacrifier à mon inimitié.

Ainsi, le sénat est toujours protégé parce qu'il ne vaut pas la peine d'être détruit. Je ne conçois pas quelle idée Crébillon se faisait du sénat romain et des hommes de cette époque. Quand Catilina a fini son discours, Cicéron lui dit:

Eh bien! rompez, seigneur, un éternel silence;
Punissez en Romain l'ingrat qui vous offense;
En faveur de vous-même osez tout oublier,
Et sauvez le sénat pour nous humilier.

Catilina consent à sauver le sénat; il fait un grand discours, après lequel Caton prend la parole. Caton, messieurs, c'est l'homme le plus impitoyable contre le crime, qui n'a jamais transigé avec personne, qui n'a pas pardonné à César, et qui trouvait Cicéron trop faible; voici ce qu'il dit:

Catilina, je crois que tu n'es pas coupable;
Mais si tu l'es, tu n'es qu'un homme détestable;

Car je ne vois en toi que l'esprit et l'éclat
Du plus grand des mortels, ou du plus scélérat.

Eh bien! qu'il me soit permis de faire une réflexion sur la destinée humaine:

. . . Et habent sua fata libelli!

Il y a une destinée pour les livres et pour les vers. Je viens de lire ces vers, et vous avez ri; nos devanciers au théâtre les applaudissaient. Les mémoires sont là, la tradition est fidèle; ces deux vers *Catilina tu n'es*, etc., dit Laharpe, je les ai entendu applaudir avec fureur. Maintenant, je les relis, et je leur trouve un certain air de profondeur (*on rit*), qui couvre selon moi (car je ris comme vous) un non-sens. Non seulement Caton me semble avoir le rôle de Cassandre, mais quelque chose de plus encore; il me semble parler comme parle un homme dont on rappelle souvent la maxime, M. de La Palisse (*on rit*). Il ne faut jamais rire quand il s'agit de M. de La Palisse. J'entends sans cesse parler comme lui. Cette manière d'affirmer ce qui est, de dire deux fois la même chose, si bien que la deuxième vérité qui n'est que la répétition de la première, en paraît une confirmation; c'est cette éloquence de M. de La Palisse que nous trouvons dans les quatre vers que j'ai cités, où la pensée tourne sur elle-même sans aucun sens; et cependant cette antithèse,

Du plus grand des mortels, ou du plus scélérat.

fait une illusion quelconque.

Voici maintenant Cicéron :

Catilina, daignez reprendre votre place ;
De vos soins par ma voix le sénat vous rend grâce.
Vous êtes généreux, devenez aujourd'hui,
Ainsi que notre espoir, notre plus ferme appui.
Nos injustes soupçons n'ont plus besoin d'otage,
D'un homme tel que vous la gloire est le seul gage.

. . . .

Adieu, Catilina : j'attends de votre zèle
Tous les secours qu'on doit attendre d'un grand cœur.
Rome a besoin de vous et de votre valeur ;
Combattez seulement, ma crainte est dissipée.

CATILINA, *à part, regardant sortir Cicéron.*

Va, ma valeur bientôt sera mieux occupée ;
Elle n'aspire plus qu'à te percer le sein.

Messieurs, il faut finir avec cette pièce, en deux mots. Catilina est battu, il revient un instant sur le théâtre, pour avoir avec Tullie une dernière entrevue amoureuse. Ils se plaignent tous deux de leur malheureux sort ; Catilina se perce d'un poignard, et le donne à Tullie ; mais Tullie n'en fait pas usage ; et de fait, dans toute la pièce Tullie m'a semblé avoir plus de bon sens que Catilina. Il meurt, et c'est à la fin de la pièce, au dernier vers, que nous trouvons l'auteur tragique, l'homme qui sait concevoir, l'homme qui sait trouver une pensée profonde :

Mais croyez qu'en mourant mon cœur n'est pas changé.
O César ! si tu vis, je suis assez vengé.

Maintenant, qu'a voulu Voltaire, en faisant *Rome sauvée ?* quelle a été son intention ? Ce qu'il a voulu, c'est de venger Cicéron, de représenter l'histoire telle qu'elle est, d'être vrai; a-t-il réussi? C'est un examen qu'il faut faire.

La femme de Catilina, dans cette pièce, n'est pas plus intéressante que la Tullie de Crébillon; il y a là encore, je ne dirai pas une intrigue amoureuse, mais quelques sentimens qui ne sont pas à leur place au milieu d'une action tragique. Ce qui fait la beauté de cette pièce, ce sont les caractères; quant à l'intrigue, elle est faible, parce qu'il n'a pas consulté les anciens avec assez de patience; il a trop arrangé cette conjuration pour notre scène; mais il n'a pas défiguré les caractères. Cicéron est véritablement le grand orateur, le grand consul que nous connaissons; le caractère de César est indiqué et développé d'une manière admirable; c'est ce qui fait le grand mérite de cette pièce.

Vous avez vu dans le *Catilina* de Crébillon comment Cicéron aborde Catilina, avec quelle humilité, avec quelle déférence, avec quel tremblement; et comment il se laisse déconcerter par les paroles audacieuses de cet homme; ici, c'est tout différent; dès la première scène c'est Cicéron qui a l'ascendant, qui commande et domine. Voici la première entrevue entre lui et Catilina.

CICÉRON.

Avant que le sénat se rassemble à ma voix.....
etc., etc. (*Voyez* acte I, scène v.)

Eh bien! ici, c'est le langage du magistrat, ici ce n'est plus cette faiblesse de Cassandre, d'un homme qui tremble devant Catilina, c'est lui qui le fait trembler ; c'est le consul, l'orateur tel que nous le connaissons. Ce n'est pas assez pour Voltaire d'avoir su reproduire l'éloquence et le caractère de Cicéron, de le remettre à la place qu'il doit occuper ; il a fait plus, il a su peindre César, la chose la plus difficile et la plus grande ; ce n'est pas César tel que nous le connaissons, victorieux, triomphant, dictateur, c'est César jeune, préparant sa puissance, intrigant, adroit, ménageant tout, donnant la main aux conspirations sans en être le chef; il ne leur prêtera son secours que lorsqu'ils seront vainqueurs; il soutient Catilina, sans être son subalterne ; c'est César jeune, ayant des pressentimens de sa grandeur future. Voltaire l'a deviné, représenté et mis en action, dans cette scène.

Scène III du second acte.

CATILINA, CÉSAR.

CATILINA.

Eh bien! César, eh bien! toi de qui la fortune... etc.

Jamais peut-être la poésie tragique de Voltaire n'a été plus chaleureuse, plus animée, que dans cette pièce. De plus, toute cette scène est pleine de César, c'est lui tel que nous le connaissons, tel qu'il devait parler à Catilina. Ce n'est pas par des batailles de faubourg, par des émeutes ni par des insurrections, en ramassant tous les mauvais sujets d'une capitale qu'il veut arriver à l'empire, mais par la gloire et au profit de la gloire.

C'est donc quelque chose que de savoir ainsi

reproduire deux grands caractères de l'antiquité, Cicéron et César.

Maintenant, dirai-je que partout la pièce se soutient à sa hauteur? J'avoue que la scène du sénat me semble plus faible; il y a encore une espèce d'escamotage que je ne conçois pas; il n'y a pas cette vérité, cette franchise, cette verve que nous trouverons dans Salluste. Cependant, à la fin de la scène, lorsque Catilina, effrayé des menaces de Cicéron, s'est éloigné, c'est alors que nous retrouvons toute la grandeur du génie de Cicéron :

> . . . Si les derniers cris d'Aurélie expirante,
> Ceux du monde ébranlé, ceux de Rome sanglante, etc.
> (Acte IV, scène dernière.)

César ayant déjà réprimé une partie de la conspiration, Caton lui dit :

> Viens; tu vois des ingrats : mais Rome te défère
> Les noms, les sacrés noms de père et de vengeur;
> Et l'envie à tes pieds t'admire avec terreur.

CICÉRON.

> Romains, j'aime la gloire, et ne veux pas m'en taire;
> Des travaux des humains c'est le digne salaire.
> Sénat, en vous servant, il la faut acheter :
> Qui n'ose la vouloir n'ose la mériter.

La tradition raconte que Voltaire lui-même, jouant le rôle de Cicéron, lorsqu'il s'écriait avec l'enthousiasme d'un homme qui a fait de pareils vers : *Romains, j'aime*, etc. On ne savait pas, dit Laharpe, si cet aveu sortait de la bouche de Cicéron ou de celle de Voltaire.

Cependant Catilina résiste encore, il faut un chef capable de le combattre; c'est alors que se retrouve le véritable sublime de la tragédie; non pas de ce sublime qui éclate par des mots, mais où l'on voit cette espèce d'intelligence secrète et mystérieuse que deux grands hommes ont l'un sur l'autre. A qui confier le destin de l'empire? à qui confier la suite d'une guerre qui est aux portes de la ville et d'où César revient triomphant? César veut d'abord se justifier d'avoir ménagé des citoyens, de leur avoir parlé, et d'avoir cherché plutôt à les appuyer qu'à les réprimer.

CATON.

Mais tous ces conjurés, ce peuple de coupables,
Que sont-ils à vos yeux?

CÉSAR.

Des mortels méprisables;
A ma voix, à mes coups ils n'ont pu résister.....
etc. (Acte V, scène dernière.)

Eh bien! c'est ce que j'appelle le sublime continu dans la tragédie, qui éclate par une élévation continue et permanente de sentimens.

Le sublime, c'est une sorte d'élévation de sentimens et d'idées où les âmes sont dégagées de tous les brouillards qui obscurcissaient leur vue. Dans le sublime, il y a une force particulière de l'âme qui jaillit sous une vive émotion; car l'âme est vivement émue; ce ne sont plus nos paroles de tous les jours; il se fait en nous une sorte de transformation, de métamorphose; nous sommes plus qu'un homme; il y a pour les sentimens comme pour le visage, une transfiguration singulière; il se fait une beauté qui apparaît dans notre âme, l'éclaire, lui donne un avenir, une vue qu'elle n'avait pas eue jusqu'alors; on le reconnaît aussitôt qu'on le rencontre: j'en citerai un exemple pour vous faire concevoir ce que c'est que cette parole singulière qui concentre l'homme dans une seule pensée, dans une seule minute, le montre tel qu'il a été toute sa vie.

Je me souviens d'avoir lu dans les mémoires fort inconnus de Jacques II, qu'au moment où il était tombé du trône, une convention s'assembla en Angleterre et en Écosse, chargée de décerner la couronne au prétendant, qui était déjà connu, Guillaume d'Orange. La convention commence à céder, on pressent que la couronne va appartenir à Guillaume; en ce moment se lève un homme, qui, sans aucune suite, traverse l'assemblée et sort; un de ses fils court après lui et lui demande ce qu'il va faire et où il va; alors cet homme regardant le ciel s'écria: « Où me conduira l'ombre de mon trône. » C'est là le sublime, le sublime qui n'a rien d'affecté, l'expression d'une grande âme animée par une profonde émotion, par la révolution d'un siècle et d'un parti. C'est où les conduisaient les souvenirs du passé qu'allaient les défenseurs des Stuarts, ils y allaient avec désespoir; c'était l'ombre du passé qu'ils suivaient; cet enthousiasme, cette persévérance, ce désespoir si calme, si tranquille, font le véritable sublime, tel que je le conçois et qu'il faut le chercher dans la tragédie.

www.ingramcontent.com/pod-product-compliance
Ingram Content Group UK Ltd.
Pitfield, Milton Keynes, MK11 3LW, UK
UKHW021627260726
13994UKWH00003B/1117

9 782329 346779